CATECHISME CHRESTIEN,

POVR
LA VIE INTERIEVRE.

PREMIERE PARTIE.

DE L'ESPRIT CHRESTIEN.

Leçon I.

Demande. Qui est celui qui merite d'être apelé Chrestien? *Si quis spiritum Christi non habet, hic non est eius. Ad Rom. 8. 9.*

Responce. C'est celuy qui a en soy l'Esprit de IESVS-CHRIST.

A ij

D. Qu'entendez-vous par l'Esprit de IESVS-CHRIST?
R. Ie n'entends pas son ame, mais le saint Esprit qui habitoit en luy.
D. A quoy connoist-on qu'on a l'Esprit de IESVS-CHRIST?
R. On le connoist aux inclinations qu'on a semblables aux siennes, en suite dequoy on vit comme luy.
D. Quelle est la vie de IESVS-CHRIST, dont vous parlez?
R. C'est cette vie sainte, qui nous est dépeinte en l'Escriture, & sur tout au Nouueau Testament.
D. Combien y a-t'il de vies en IESVS-CHRIST?
R. Il y en a deux, la vie interieure, & la vie exterieure.
D. En quoy consiste la vie in-

terieure de IESVS-CHRIST?
R. En ses dispositions & sentimens interieurs enuers toutes choses; par exemple, en sa religion enuers DIEV, en son amour enuers le prochain, en son aneantissement enuers soy-même, en son horreur enuers le peché, & en sa condamnation enuers le monde & ses maximes.

D. En quoy consiste sa vie exterieure?

R. Elle consiste en ses actions sensibles, & aux prattiques visibles de ses vertus émanées du fonds de son diuin interieur.

D. Il faut donc pour estre vray Chrestien auoir en nous le saint Esprit, qui nous fasse viure interieurement & exterieurement comme IESVS-CHRIST?

R. Ouy.

D. Mais cela est bien difficile?

R. Ouy à celuy qui n'a pas receu le saint Baptême, où le saint Esprit de IESVS-CHRIST nous est donné, pour nous faire viure comme luy.

Leçon II.

D. Celuy qui a perdu la grace du Saint Esprit depuis son Baptême, la peut-il recouurer?

R. Il le peut par la penitence, mais auec grand trauail & grand peine.

D. C'est pour cela peut-estre qu'on appelle le Sacrement de

Penitence, vn Baptême laborieux?

R. Il est vray sans doute; car par le Baptême, où nous sommes engendrez en Iesvs-Christ, Dieu nostre Pere nous donne par luy-mesme la vie de son Fils, sans que sa Diuine Iustice exige de nous aucune peine; mais il n'en est pas ainsi de la penitence.

D. Pourquoy cela?

R. C'est qu'il faut suer & trauailler, pour recouurer les vertus que Dieu seul nous auoit données par luy-mesme, & qu'il auoit plantées en nostre cœur de sa main toute-puissante; il faut qu'à la sueur de nostre front, le saint Esprit fasse germer nostre terre sterile & ingratte, dans laquelle auparauant la grace faisoit germer les vertus, sans trauail & sans peine.

D. La perte de la grace du Baptême, est donc vne grande perte?

R. Ouy, on ne le sçauroit exprimer; & comment pourroit-on reparer ce chef-d'œuure de grace & de misericorde.

D. Cette perte n'est-elle pas reparée par la penitence?

R. Non pas parfaitement; car par la penitence, on fait d'ordinaire cõme vn apprentif qui veut rafraischir l'original d'vn grand Peintre, qui seroit fort effacé: ce dernier ouurage n'approche pas du premier.

D. Pourquoy faut-il tant de peine pour recouurer cette grace?

R. Parce qu'on la perduë par vn peché extréme, & par vne ingratitude estrange, foulant aux pieds le Sang de IESVS-CHRIST, & étouffant le don du saint Esprit qu'on auoit receu par le Baptême.

D. Mais quoy? celuy qui aprés le Baptême offense DIEV par vn peché mortel, foule-t'il aux pieds le Sang de IESVS-CHRIST?

R. Ouy, cela est ainsi.

D. Et comment?

R. Premierement, parce qu'il se mocque des merites & du Sang de IESVS-CHRIST, qui luy ont acquis le saint Esprit, & toutes ses graces. Secondement, parce que celuy qui fait vn peché mortel, deuient vn même esprit auec le

Diable, lequel foule aux pieds IESVS-CHRIST dans l'ame du pecheur, & triomphe de Noſtre Seigneur en ſon propre thrône.

D. C'eſt donc ainſi peut-eſtre que le pecheur crucifie en ſoy-meſme IESVS-CHRIST, comme parle ſaint Paul?

R. Ouy.

D. Et comment le peut-on crucifier?

R. C'eſt que comme les Iuifs par la rage des Demons garottoient, cloüoient, & cramponnoient IESVS-CHRIST en l'arbre de la Croix; en ſorte qu'il n'auoit aucun vſage de ſes membres, & qu'il ne luy reſtoit aucune liberté d'agir: de meſme par le peché on lie & on garotte Nôtre Seigneur,

Crucifigentes ſibimetipſis Filium DEI. Ad Hebr. 6. 6.

pour la vie interieure.

& on le reduit dans l'impuissance d'agir en nous.

D. Expliquez-moy cela dauantage?

R. Noſtre auarice clouë ſa charité, noſtre colere ſa douceur, noſtre impatience ſa patience, noſtre orgueil ſon humilité ; & ainſi par nos vices nous tenaillons, nous garottons, & nous mettons en pieces IESVS-CHRIST habitant en nous.

※※※※※※

Leçon III.

D. IESVS-CHRIST donc habite en nous ?

R. Ouy, il habite par la Foy dans nos cœurs, comme le dit S. Paul apres Noſtre Seigneur meſme.

Ego in vobis. Ioã. 14. 20. Chriſtũ habitare per fidẽ in cordibus veſtris. Ad Eph. 3. 17.

D. Ne m'auez-vous pas dit que le saint Esprit s'y rencontroit aussi?

R. Ouy, il y est auec le Pere & le Fils; & y répand, comme nous auons dit, les mêmes inclinations, les mêmes sentimens, les mêmes mœurs, & les mêmes vertus de IESVS-CHRIST.

D. Vn Chrestien est donc quelque chose de grand?

R. Il n'y a rien de plus grand, de plus auguste, & de plus magnifique ; c'est vn IESVS-CHRIST viuant sur terre.

D. Bien mal-heureux est celuy qui perd ces grands thresors par le peché mortel? mais venons au particulier.

R. Ie le veux bien.

D. Vous dites que IESVS-

Christ habite en nous, & que nous sommes oincts de l'Onction dont il est oinct luy-même; à sçauoir, du saint Esprit; & qu'il répand en nous ses mœurs, ses inclinations, ses sentimens: d'où sçauez-vous cela?

R. Saint Paul veut que nous ayons en nous les mêmes sentimens que Iesvs-Christ auoit, lequel s'est aneanty & humilié sur la Croix, quoy qu'il fust égal à son Pere.

Hoc sentite in vobis quod & in Christo Iesu. Ad Phil. 2. 5.

D. Que veut dire cela, auoir en soy les mêmes sentimens de Iesvs-Christ?

R. C'est auoir en son cœur & en son ame les mêmes desirs d'estre, par exemple, aneanty & crucifié comme Iesvs-Christ.

D. Faut-il auoir ces desirs en la même perfection qu'il les auoit?

R. Ie ne dis pas cela. Ie dis seulement qu'il les faut auoir semblables, quoy que non pas égaux.

D. Pouuons-nous mesme en auoir de semblables?

R. Ouy.

D. Par quel moyen?

R. Par la vertu du Saint Esprit, qui peut donner des inclinations toutes contraires & opposées à celles que nous auons dans la chair, par nostre naissance d'Adam.

Leçon IV.

D. Adam auoit-il d'autres inclinations que

pour la vie interieure. 15

les Chrestiens ? auoit-il vn autre Esprit que celuy de Nostre Seigneur ? le Saint Esprit en luy operoit-il d'autres sentimens qu'en IESVS-CHRIST ?
R. Ouy.
D. Dites-les moy, ie vous supplie ?
R. Adam estoit creé pour estre semblable à DIEV en ses richesses, en son honneur, & en sa beatitude ; d'où vient qu'il est nay dans le Paradis terrestre, Roy de tout le Monde.
D. Les Chrestiens ne sont-ils pas appellez à cela ?
R. Non.
D. Quoy ? ne sont-ils pas creez à l'Image de DIEV ?
R. Ouy, ils sont creez semblables à DIEV, en sa justice;

Secundū
DEVM
creatus
est in iu-

& sa vraye sainteté.

titia & sanctitate veritatis. Ad Phil. 4. 24

D. Qu'appellez-vous estre creé en justice & en vraye sainteté?

Creati in Christo IESV. Ad Eph. 2. 10.

R. C'est estre creé en IESVS-CHRIST, c'est estre renouuelé & regeneré par le Baptême, en separation & éloignement de toute creature.

D. La condition des Chrestiens est donc bien éloignée de celle d'Adam?

R. Ouy, car Adam cherchoit DIEV, le seruoit, & l'adoroit dans ses creatures; & au contraire, les Chrestiens sont obligez de chercher DIEV par la Foy, de le seruir, & de l'adorer, retiré en luy-même & en sa sainteté, separé de toute creature, & releué par dessus toutes choses.

D. Les Chrestiens doiuent donc estre separez de tout, ils doiuent donc estre Saints?

R. Ouy, ils doiuent estre separez de tout en affection, ils doiuent s'appliquer à Dieu en luy-même, c'est pourquoy ils sont appellez Saints par l'Apostre saint Paul. *Vocatis sanctis. Ad Rom. 1. 7.*

Leçon V.

D. Que doiuent faire les Chrestiens qui sentent en eux les inclinations de se lier & de s'vnir aux creatures?

R. Il faut qu'ils mortifient ces inclinations, il faut qu'ils y renoncent, puis qu'elles sont inclinations de la chair, & qu'ils ne sont plus redeuables à leur *Debitores sumus non carni vt secundùm carnem viuamus. Ad Rom. 8. 12.*

chair pour viure selon elle.

D. Depuis le Baptême, qui est vne seconde generation, les Chrestiens sont-ils obligez de se conformer à Adam leur pere, & de viure selon luy?

R. Non, car DIEV s'estant fait nostre Pere dans le Baptême, nous sommes obligez de viure selon DIEV, & selon ses inclinations, que son Esprit répand en nous.

D. Si nous viuons selon la chair, serons-nous sauuez?

Si secundû carné vixeritis, moriemini Ad Rom 8. 13.

R. Non ; car saint Paul dit que nous mourrons, si nous ne mortifions nostre chair & tous ses appetits déreglez, que nous ressentons en nous.

D. Ainsi les Chrestiens sont obligez de se mortifier?

Qui sunt Christi

R. Ouy, car selon l'Apostre,

ceux qui sõt à IESVS-CHRIST, *carnem suã crucifixerunt cum vitiis & cõcupiscentiis. Ad Gal. 5. 24* ont crucifié la chair auec ses vices & auec ses conuoitises ; ils ont crucifié & dépoüillé le vieil hõme auec toutes ses œuures.

D. Qu'est-ce à dire, le vieil Homme ? *Expoliates vos veterem hominé cum actibus suis. Ad Col. 3. 9.*

R. C'est la mesme chose que la chair, c'est nous-mesme, auec les inclinations que nous auons receuës d'Adam, en naissant de luy par nos parens.

D. Quelles sont ces inclinations ?

R. Ce sont toutes les inclinations que nous auons au mal, & dont nous sommes tout remplis.

D. A quels chefs se peuuent rapporter ces inclinations ?

R. A trois, qui sont l'inclination au plaisir, l'inclination aux richesses, & l'inclination à l'honneur.

D. Et quoy, faut-il reprimer tout cela?

R. Ouy.

D. Il faut donc crucifier en soy le vieil homme?

R. Ouy, il le faut crucifier comme les méchans crucifient en eux Iesvs-Christ.

D. Mais encore, que veut dire proprement crucifier le vieil homme.

R. C'est lier, garotter, étouffer interieurement tous les desirs impurs & déreglez, que nous sentons en nostre chair.

D. Que veut dire, nostre chair?

R. C'est à dire toute la vieille creature en nous, tout l'homme entant qu'il n'est point regeneré, & qu'il est opposé à l'Esprit du Baptême.

D. Et quoy ? nostre ame en nous, & nostre esprit sont-ils chair, auant que nous soyons baptisez ?

R. Ouy.

D. Mais pourquoy appellez-vous nostre ame chair ?

R. C'est parce qu'estant répanduë & noyée dans la chair, elle est renduë participante de toutes ses inclinations malignes ; en sorte que si la grace ne l'en separe, elle deuient vne même chose auec elle ; & ainsi, elle est appellée chair.

D. Est-ce pour cela que Nostre Seigneur dit qu'il faut hayr nostre ame ?

R. Ouy, car entant que nostre

Qui non odit, &c. adhuc autem & animam suā, &c. Luc. 14. 26.

ame est vne mesme chose auec la chair, & qu'elle anime & viuifie son impureté & sa corruption; elle est ennemie de DIEV, & digne de toute haine.

D. La chair toute seule pourroit-elle pecher?

R. Non, puisque mesme elle ne peut viure sans l'ame. L'ame en mesme temps qu'elle anime la chair, cherche auec elle le mal, & se rend participante de toute sa corruption.

D. Nostre esprit est-il aussi nommé chair?

R. Ouy, quand il a des pensées conformes aux sentimens & aux mouuemens de la chair.

Prudétia carnis mors est. Ad Rom. 2, 6. D'où vient que saint Paul dit, que la prudence de la chair est vne mort.

D. Qu'eſt-ce à dire, la prudence de la chair?

R. Ce ſont les penſées & les deſſeins que nous formons dans noſtre eſprit pour paruenir aux fins de la chair, qui ſont les voluptez, les honneurs, & les richeſſes.

D. La volonté eſt-elle appellée chair?

R. Ouy, quand elle adhere aux mouuemens de la chair.

D. Comment appelle-t'on les mouuemens de la chair?

R. Saint Paul les appelle les deſirs & les volontez de la chair.

D. Céte chair eſt donc bien prejudiciable à l'homme?

R. Ouy, & c'eſt pourquoy il la faut haïr, crucifier, & faire mourir.

In deſideriis carnis noſtræ facientes voluntatem carnis. Ad Eph. 2. 1.

D. Est-ce pour cela que Nostre Seigneur a esté crucifié & mis à mort, & qu'il a même esté enseuely?

R. Ouy, ç'a esté pour nous apprendre qu'il faut nous crucifier nous-mêmes en nostre chair; & que s'il n'a pas voulu épargner sa chair innocente, & qui auoit seulement la ressemblance du peché, nous deuons bien crucifier la nostre, qui est veritablement pecheresse, & toute établie en malignité.

Leçon VI.

D. D'Où vient la malignité de nostre chair?

R. Elle vient du Demon, lequel inspira son poison en l'ame

l'ame de nos premiers parans, qui le receurent auec plaisir, & qui par là infecterent tellement leur nature, que toute leur posterité s'en est ressentie.

D. Expliquez-moy cela par vn exemple?

R. Il est des enfans d'Adam, comme des enfans d'vn lepreux, dont la corruption est si grande, que toute la masse de sa chair, & toute sa substance, est corrompuë ; en sorte que tout ce qui naist de luy est corrompu, tous ses enfans sont lepreux comme luy.

D. En auez-vous encore vn autre?

R. Ouy, il en est comme d'vne source d'eau croupie & corrompuë, dont les ruisseaux qui en sortent sont aussi corrompus, & se sentent de son infection.

D. Nos premiers parans ont donc esté infectez de la malignité du Demon ?

R. Ouy, & nostre chair qui vient de celle d'Adam comme de sa source, a esté remplie de cette mesme malignité.

D. Et ainsi, la corruption & la malice de nostre chair est de la nature de celle du Diable?

R. Ouy.

D. Dieu donc a vne grande haine contre nostre chair?

R. Ouy, puis qu'elle est remplie de la malignité du Demon.

D. Mais quoy ? la malice du Diable est consommée dans l'Enfer; & nostre chair se sentelle de cette malice confommée?

R. Ouy.

D. Quoy? noftre chair eft capable de faire autant de maux que le Diable?

R. Noftre chair se porteroit à tous les maux que le Diable pourroit faire, si elle eftoit delaifsée de DIEV & de son Saint Efprit.

D. Cela eftant, nous deuons auoir grande haine & grande horreur de noftre chair?

R. Ouy, nous la deuons haïr autant que le Diable, nous la deuons fuïr plus que le Diable.

D. C'eft peut-eftre pour cette raifon que les Saints faifoient vn fi grand carnage de leur chair, & que par la haine

28   *Catechisme Chrestien,*

qu'ils en auoient, ils se déchiroient en pieces, ils se disciplinoient, & s'écorchoient jusqu'au sang?

R. Ouy, ils déchargeoient leur colere sur leur chair, comme sur l'ennemie jurée de DIEV.

D. O que nous deuons donc fuïr la chair, & renoncer à tout ce qu'elle demande & desire de nous?

R. Ouy.

D. Est-ce pour cela que Nostre-Seigneur dit à ses Disciples; Que celuy qui le veut suiure, doit renoncer à soy?

R. Ouy.

D. Que veut dire, renoncer à soy?

R. C'est à dire, renoncer à toutes les inclinations mal-

si quis vult post me venire, abneget semetipsū. Matt. 16. 24.

pour la vie interieure. 29

heureuses de la chair: renoncer à tous les desirs de l'honneur, des plaisirs, & des richesses; au desir d'estre aymé, au desir de vengeance; en vn mot, à tous les desirs de peché qui sont en nous, & qui sont opposez à la Croix de IESVS-CHRIST.

LEÇON VII.

D. Qvoy? deuons-nous porter la Croix de IESVS-CHRIST, & faire profession de ses maximes?
R. Ouy, c'est la seconde condition que IESVS-CHRIST propose à ses Disciples & à tout Chrestien, de porter la Croix, & de prendre plaisir aux souffrances, aux mépris, *Tollat crucem suam. Matth. 15. 24.*

B iij

aux calomnies, à la pauureté, &c.

D. Comment se peut-il faire que nous aymions le mépris, les souffrances, la pauureté; en vn mot, la sainte Croix de IESVS-CHRIST?

R. Nous ne le pouuons pas par nous-mesmes, mais par la vertu de IESVS-CHRIST & de son Saint Esprit, qu'il nous donne au Baptême.

D. Comment cela?

R. C'est que le Saint Esprit par le Baptême vient reposer en nous & dans le fond de nôtre cœur, pour y imprimer ces inclinations.

D. Voila qui est bien estrange, voila des choses bien opposées?

R. Cela est vray, aussi auonsnous à souffrir de grands combats.

D. Quels combats?

R. Ceux dont parle le grand S. Paul, lors qu'il dit que la chair combat contre l'esprit, & l'esprit contre la chair.

Caro concu-piscit ad-versùs spiritum: spiritus autem aduersùs carnem: hęc enim sibi inui-cem ad-uersan-tur. Ad Gal. 5.17.

D. Comment cela?

R. C'est que d'vn costé le S. Esprit, qui est en nous, nous porte au mépris, à la pauureté, aux souffrances. Et de l'autre, nostre chair desire l'honneur, le plaisir, les richesses. Nostre ame se peut jetter du costé qui luy plaist, ou bien adherer à l'esprit par la grace qu'il met en nous, ou bien s'y opposer, en adherant à la chair par sa propre malice.

D. Mais vous dites que l'Esprit de Dieu donne l'amour

Contraste insuffisant

NF Z 43-120-14

aux calomnies, à la pauureté, &c.

D. Comment se peut-il faire que nous aymions le mépris, les souffrances, la pauureté; en vn mot, la sainte Croix de IESVS-CHRIST?

R. Nous ne le pouuons pas par nous-mesmes, mais par la vertu de IESVS-CHRIST & de son Saint Esprit, qu'il nous donne au Baptême.

D. Comment cela?

R. C'est que le Saint Esprit par le Baptême vient reposer en nous & dans le fond de nôtre cœur, pour y imprimer ces inclinations.

D. Voila qui est bien estrange, voila des choses bien opposées?

R. Cela est vray, aussi auonsnous à souffrir de grands combats.

D. Quels combats?

R. Ceux dont parle le grand S. Paul, lors qu'il dit que la chair combat contre l'esprit, & l'esprit contre la chair.

Caro concu- piscit ad- versùs spiritum: spiritus autem aduersùs carnem: hęc enim sibi inui- cem ad- uersan- tur. Ad Gal. 5.17.

D. Comment cela?

R. C'est que d'vn costé le S. Esprit, qui est en nous, nous porte au mépris, à la pauureté, aux souffrances. Et de l'autre, nostre chair desire l'honneur, le plaisir, les richesses. Nostre ame se peut jetter du costé qui luy plaist, ou bien adherer à l'esprit par la grace qu'il met en nous, ou bien s'y opposer, en adherant à la chair par sa propre malice.

D. Mais vous dites que l'Esprit de DIEV donne l'amour

des souffrances, du mépris, & de la pauureté? Ie n'ay point encore senty ce plaisir des souffrances, ces delices du mépris, cette joye de la pauureté?

R. Vous dites vray, vous ne sentez pas ce plaisir dans vostre chair; vous ny ressentez pas cette joye, ces delices: aussi le S. Esprit n'est-il pas en vous pour faire ces effets dans vostre chair; il ne vient pas pour operer ce changement dans vostre corps, mais bien dans le fond de vostre ame.

D. Quoy? jamais la chair ne prendra-t'elle son plaisir dans l'affliction, dans la peine, & dans la Croix?

R. Non, si ce n'est que par fois le S. Esprit épanche dans

la chair les inclinations qu'il a répanduës dans l'ame, & abbreuue nostre corps des mesmes sentimens dont il remplit nostre cœur; mais c'est rarement, & seulement en passant.

D. Mais le Baptême ne fait donc point son impression dans le corps, comme dans l'ame; il ne regenere point la chair, mais l'esprit?

R. Il est vray, c'est nostre ame qui reçoit les inclinations de l'esprit; c'est elle qui reçoit ses nouuelles impressions; c'est elle qui est abbreuuée de ses sentimens; enfin, c'est elle seule qui est regenerée par le Baptême.

Leçon VIII.

D. Qv'eſt-ce à dire que noſtre ame eſt regenerée par le Baptême?

R. C'eſt à dire, qu'elle reçoit des inclinations & des impreſſions toutes nouuelles & differentes de celles de ſa premiere generation.

D. Comment cela?

R. C'eſt que par la premiere generation, l'ame auoit des inclinations mal-heureuſes qui la portoient toute au peché, toute à la terre, & aux creatures. Au contraire, par la regeneration du Baptême, elle reçoit de nouuelles impreſſions, & des inclinations toutes diuerſes, qui la portent à l'amour de DIEV, & à sa religion, à la separation des creatures, & à la recherche des choses du Ciel.

D. Depuis le Baptême, l'homme n'est donc plus nostre pere, ny la chair nostre mere?

R. Non, & nous ne deuons plus suiure leurs mauuaises inclinations.

D. Par le Baptême, DIEV est-il nostre Pere?

R. Ouy, nous appellons DIEV nostre Pere, & il l'est en verité; parce que dans le Baptême, il nous communique par son Saint Esprit sa nature & sa vie Diuine.

D. Le Diable n'est-il pas le pere de l'homme?

R. Dans la premiere generation, le Diable est proprement

Vt efficiamini diuinæ consortes naturæ.
2 Pet. 1. 4.
Vt Filii Dei nominemur & simus.
1. Ioan. 3. 1

le Pere de l'homme pecheur en Adam, à cause qu'en luy il a semé sa vie & ses mauuaises inclinations, qui depuis nous ont esté transmises dans nostre naissance.

Vos ex patre Diabolo estis, & desideria patris vestri vultis facere. Ioã. 8. 44.

D. Et dans la seconde generation ?

R. Il en va tout autrement, à cause qu'en cette generation, le Pere Eternel est nostre Pere, qui nous communique ses inclinations, ses sentimens, sa sainteté par la vertu de son Esprit, qu'il nous donne, & qui est en nous le principe de la vie sainte & diuine, qui éclate en suite en des œuures semblables à celles de DIEV, qui le font glorifier sur la terre.

D. Mais puisque dans nostre premiere generation, le Dia-

pour la vie interieure. 37
ble est nostre Pere, & qu'Adam a transmis en nous toutes les mal-heureuses inclinations du Demon ; nous sommes biē miserables en nous-mesmes?
R. Ouy, ie ne le puis exprimer, il n'y a que DIEV qui le puisse comprendre.
D. Pourquoy ?
R. Comme il n'y a que DIEV qui conçoiue la malice du Diable, & la misere où la Iustice Diuine l'a reduit ; il n'y a que DIEV aussi qui conçoiue la misere, la malignité, & la pauureté de nostre chair reduite en vn estat si pitoyable, qu'outre qu'elle est faite participante de la malediction du Demon, elle a encore en soy des foiblesses, des impuretez, & des miseres, dont

il n'est pas capable par sa propre nature.

D. Cela estant l'homme par justice doit bien aymer l'abjection, il doit bien aymer le mépris ?

R. Ouy, car ils luy sont bien deûs.

Leçon IX.

D. LA chair peut-elle meriter autre chose que le mépris, l'abjection, & la contradiction ?

R. Non.

D. C'est donc par vn traict de la Iustice de DIEV, que dans le Baptême l'amour du mépris, l'amour des souffrances, & l'amour de la pauureté, sont imprimez dans le cœur de l'homme?

R. Ouy, à cause que l'homme n'estant par luy-mesme que neant & peché, il ne doit auoir autre desir pour luy-mesme, que celuy d'estre traité comme il merite ; c'est à dire, d'estre en mépris, en persecution, & en pauureté, &c.

D. Que la conduite & que la sagesse de DIEV sur les Chrestiens sont admirables : & ce n'est pas sans raison, que l'Escriture appelle le Mystere de la Croix, vn Mystere caché. En effet, peu de personnes croiroient que la Croix fust vne chose juste & raisonnable sur nostre estat, & que nous fussions obligez d'en porter l'amour dans le cœur?

Et erat verbum istud absconditum ab eis. Luc. 18. 34.

R. C'est le mal-heur & l'abus du siecle, on s'imagine que c'est vn surcroist de pieté, que c'est vne deuotion reseruée aux Cloistres, & que ce n'est pas vne obligation pour tous les Chrestiens.

D. Mais par le Baptême, n'a-t'on pas receu le S. Esprit, qui nous oblige de viure dans cét amour de la Croix?

R. Ouy; car selon saint Paul, comme j'ay desia dit, nous ne sommes plus redeuables à la chair, pour viure selon la chair, mais nous sommes obligez de viure selon l'esprit : & si nous viuons par l'Esprit, marchons selon l'Esprit, qui nous imprime dans le cœur l'inclination pour la Croix, & la force de la porter.

Ad Rom. 8. 12.

Si spiritu viuimus, spiritu & ambulemus. Ad Gal. 5. 25.

D. cela n'est-il point exprimé dans les ceremonies du Baptême ?

R. Ouy, car on fait deux Croix auec de l'huyle ; l'vne sur le cœur, & l'autre sur les épaules, pour nous marquer l'effet du Saint Esprit.

D. Que represente l'huyle?

R. Le Saint Esprit.

D. Que signifie la Croix qu'on fait sur le cœur?

R. L'amour de la Croix ? parce que le cœur est le siege de l'amour.

D. Et celle qu'on fait sur les épaules ?

R. Elle signifie la force de porter la Croix, à cause que les épaules sont le siege de la force de l'homme.

Leçon X.

D. Outre l'Esprit que nous auons receu dans le Baptême, ce que nous sommes par nous-mesmes nous oblige-t'il à l'amour de la Croix ?

R. Ouy.

D. Et qu'est-ce que l'homme par luy-mesme, & en son fond?

R. Helas! rien.

D. Qu'estoit l'homme auant que Dieu eust répandu en luy son Estre ?

R. Il n'estoit rien du tout.

D. Qu'est-ce que le rien merite ?

R. Rien du tout, le rien merite le rien, le mépris, l'abjection, le delaissement & l'oubly de toute creature : le rien ne peut estre regardé, car il n'a rien surquoy on doiue & on puisse arrester ses yeux.

D. Il ne faut donc pas desirer d'estre regardé, d'estre veu, d'estre estimé ?

R. Non ; il faut desirer d'estre traité selon ce que l'on est : & pource que l'on ne regarde point le rien, qu'on le méprise, & qu'il ne merite pas mesme d'estre méprisé, puisqu'il ne merite pas seulemēt qu'on pense à luy pour en porter jugement; De là vient que l'hōme qui n'est rien en son fond & par luy-mesme, ne merite rien, pas mesme le mépris.

D. Helas ! nous sommes donc peu de chose, puisque nous ne meritons pas mesme qu'on s'applique à nous pour nous méprifer.

Mais pourquoy dites-vous que l'homme n'eft rien, puifqu'il a vn corps & vne ame?
R. Ie dis que l'homme n'eft rien en fon fond : Il a bien quelque chofe d'autruy, mais il n'en eft pas moins le neant par luy-mefme; & par confequent, il n'en doit pas eftre honoré, mais cét autre, à qui appartient le bien qu'il a receu.

D. D'où tirez-vous cette verité?

Si quis exiftimat fe aliquid effe cùm nihil fit, ipfe fe feducit. Ad Gal. 3. Quid ha-

R. De S. Paul, quand il dit; premierement, que celuy qui s'eftime eftre quelque chofe n'eftant rien en verité, fe trompe lourdement. Secondement, qu'on ne doit pas fe glorifier, puisque l'on a receu d'autruy tout ce qu'on a.

D. Qui est celuy de qui l'homme a receu le bien qu'il a?

R. C'est de DIEV seul.

D. DIEV seul donc doit estre honoré pour tous les biens qui sont en l'homme?

R. Ouy, de mesme que le Peintre doit estre loüé pour la peinture qu'il a faite, & non pas la vieille toile sur laquelle il a couché les couleurs.

D. Les hommes ne doiuent donc point receuoir pour eux les loüanges qu'on leur donne?

R. Non.

D. Que doiuent-ils faire quand on les loüe?

R. Ils doiuēt rēdre à DIEV toutes les loüāges qu'ō leur dōne,

bes quod non accepisti? si autem accepisti quid gloriaris, quasi nō accepeiis?
1. Ad Cor. 4. 7.

& luy dire : Mon DIEV, ie vous rapporte toutes ces loüanges, à cause que vous seul les meritez pour tous les biens que vous mettez en moy.

D. Mais quand l'homme apperçoit en soy des dons & des graces de DIEV, que doit-il faire?

R. Trois choses.

1. S'humilier deuant DIEV, reconnoissant qu'il est l'Autheur de tout bien en nous.

2. Le remercier de ce qu'il luy a plû le répandre en nous, qui ne le meritons pas.

3. Le prier qu'il se glorifie par ses dons, & qu'il en vse en nous pour sa gloire, puisque de nous-mesmes nous ne sçaurions pas en bié vser pour luy.

D. Les Demons ont-ils eû ces dispositions quand ils ont receu les dons de Dieu?

R. Non; s'ils en eussent vsé de la sorte, ils ne seroient pas damnez.

D. Qu'ont-ils donc fait pour se perdre si miserablement dans les dons de Dieu?

R. C'est que charmez des douceurs de l'honneur, ils ont voulu estre honorez eux-mesmes pour les dons de Dieu; & attirans sur eux les loüanges qui estoient deuës à luy seul, dérober à sa Majesté la gloire qui luy appartenoit.

D. Il ne faut donc souffrir aucun honneur pour soy?

R. Non.

Leçon XI.

D. NE faut-il jamais désirer l'honneur?

R. Non; c'est désirer le bien d'autruy, c'est désirer le bien de DIEV; c'est estre larron, selon S. Paul; c'est exercer vne rapine, c'est dérober à DIEV ce qu'il a de plus cher, qui est sa gloire, qu'il asseure de ne vouloir jamais donner à autruy.

Ad Phil. 2. 6.

Gloriam meam alteri non dabo. Isa. 42. 8. & 48. 11.

D. C'est donc vn larcin sacrilege, puisque c'est dérober à DIEV?

R. Ouy, c'est dérober sur l'Autel de DIEV, & luy arracher de la main ce qu'il proteste de ne vouloir lascher ny ceder à personne.

D. L'orgueil

D. L'orgueil est donc vn grand peché?

R. Ouy, & c'est pour cela qu'il est puny si rigoureusement dans les Demons, & qu'il est dit que DIEV *resiste aux superbes*, comme s'ils luy vouloient arracher malgré luy le bien le plus cher qu'il ait entre les mains.

<small>Deus superbis resistit. Iac. 4. 6. & 1. Pet. 5. 5.</small>

D. La punition de l'orgueil n'est donc pas seulement vn effect de la colere de DIEV, mais encore de sa fureur?

R. Ouy, à cause que c'est vne suite de la resistance de DIEV irrité contre le superbe qui luy veut rauir son honneur, & sur qui enfin il décharge sa colere allumée, & changée en fureur.

D. Mais les hommes sont donc bien trompez, qui courent aprés l'honneur, puis qu'il n'eſt pas permis de le deſirer?

R. Il eſt vray ; car on ne peut le ſouffrir ſans le rapporter à DIEV, à moins que de ſe mettre en danger de l'offenſer griéuement, & de le faire entrer en fureur contre nous.

D. Que faites-vous, quand vous reconnoiſſez en vous le deſir d'eſtre honoré, quand vous ſentez de la joye des loüanges qu'on vous donne, & de l'eſtime qu'on témoigne faire de vous?

R. Quand on remarque en ſoy ce deſir d'eſtre eſtimé & d'eſtre regardé, il faut y renoncer, & ſe confondre de ce que l'on a en ſa chair des ſentimens diaboliques, des ſentimens qui sont nez de l'enfer, & qui sont semblables à ceux qui ont damné les Diables.

D. Et comment cela ?

R. C'est que le Diable, comme ie l'ay desia dit, desiroit d'être estimé & honoré par ses freres, & mesme il les attiroit à luy rendre des honneurs & des loüanges qu'il receuoit d'eux auec joye ; & ie prie Dieu que nous n'ayons jamais ces sentimens, puis qu'ils ont fait damner les Anges.

D. Ce n'est pas ainsi qu'il faut dire ; car les sentimens de l'honneur & de l'estime seront en nous jusques à la mort ; & ces sentimens-là ne sont pas peché, pourueu qu'on y resiste.

R. Il est vray ; car les bons & les mauuais Anges furēt tous attaquez de la tentation ; mais les vns y cederent, & les autres n'y cederent pas : les vns en firent profit, & receurent la couronne ; & les autres y consentirent, & furent condamnez.

D. Comment donc faut-il dire ?

R. Que ie n'adhere jamais à ces sentimens, & que ie n'y prenne jamais de complaisance.

Leçon XII.

Soli Deo honor & gloria. 1. ad Tim. 1. 17.

D. Qvi est-ce qui doit estre honoré ?

Nobis autem conf. sio faciei. Dan. 9. 7.

R. Dieu seul. *A Dieu seul,* dit saint Paul, *tout honneur & loüange. Et à nous confusion,* dit le Prophete Daniel.

D. En pourriez-vous apporter quelque raison ?

R. Ouy, c'est que DIEV seul est parfait en soy-mesme, comme le dit Nostre Seigneur : *personne n'est bon que DIEV seul.* Tout le reste n'est rien par luy-mesme, & ne possede de bien que celuy de DIEV. D'où vient que IESVS-CHRIST disoit ; *Ma doctrine n'est pas à moy, ny de moy.*

Nemo bonus nisi solus DEVS. Luc. 18. 19.

Mea doctrina non est mea. Ioa. 7. 16.

D. Mais les Saints qui sont au Ciel, ne doiuent-ils pas estre honorez ? DIEV veut qu'on les honore.

R. L'honneur qu'on rend aux Saints, est vn honneur qu'on rend à DIEV qui habite en eux : Et si l'on honore justes sur la terre, c'est le Saint Esprit qu'on honore en eux, en qui il habite, qu'il justifie, & à qui il donne la grace & la vertu d'estre fideles à Dieu.

D. Est-ce pour cela qu'il est dit dans l'Escriture, que Dieu est *merveilleux & admirable en ses Saints* ?

<small>Mirabilis Deus in Sanctis suis Ps. 67. 36.</small>

R. Ouy, à cause que par sa puissance il éleue leur foiblesse à des choses sublimes, qu'il éleue leur ignorance à de grandes lumieres, & qu'il fait éclater sa grandeur en leur bassesse.

D. Ainsi Dieu veut estre honoré en ses Saints ?

R. Ouy, Nostre Seigneur mesme a voulu que son Pere fust honoré en luy ; il ne vouloit point receuoir de loüanges pour soy, mais il les renuoyoit toutes à son Pere. Il disoit à ceux qui le nommoient Bon : cela n'est pas ainsi, ne dites pas cela, personne n'est bon que mon Pere : Voyez-vous céte bonté qui reluit en moy ? Elle descend de mon Pere, elle est originaire de luy; & s'il ne la répandoit sur moy, ie ne l'aurois pas : auant que mon Pere me l'eust communiquée, ie n'estois rien, & n'auois rien, ie n'estois que neant comme le reste des hommes; mon humanité a esté tirée du neant, aussi bien que le reste des creatures: DIEV s'ést écoulé sur moy, & y a répãdu toute la plenitude de ses tresors; si bien qu'ils sont tous à luy, & tout ce qu'il y a de bon, de beau, & de parfait en moy, est de luy; ce biẽ est à DIEV, & nõ à moi, il est

Autheur de ces perfections & de ces beautez ; il doit estre honoré pour ses ouurages, & sur tout, pour ce chef-d'œuure.

D. C'étoit donc entant qu'il n'étoit rien par soy-même, qu'il se nommoit *l'opprobre des hommes, & l'abiection du peuple ?* R. Ouy, & c'étoit aussi entant qu'il étoit chargé des pechez de tout le monde.

<small>Opprobrium hominũ & abiectis plebis. *Psal.*21.7</small>

D. Vous nous auez dit là de grandes choses de Nostre Seigneur Iesvs-Christ, que ie vous prieray de m'expliquer à loisir ; mais auant que de sortir de ce sujet, ie voudrois bien qu'il vous pleust nous dire encore plus particulierement, comment nous deuons nous comporter lors que

pour la vie interieure. 57

l'on nous méprise, qu'on ne tient aucun conte de nous, & qu'on ne nous regarde point? R. Quand on ne nous regarde point, réjouyssons-nous, & disons en nostre cœur ; Mon DIEV, ie suis content de n'être veu ny regardé des hommes : que ie suis aise, de ce que personne ne pense à moy! car, ô mon DIEV, ie n'occupe point vostre place dans leurs pensées ny dans leurs esprits. Ie suis ravy d'estre soustrait à leur veuë, afin que ie n'occupe point leurs cœurs. C'étoit là vne des pensées de saint Ignace Martyr, quand il prevoyoit qu'il devoit estre enseuely dans le corps des bêtes qui l'alloient deuorer : Au moins, disoit-il, ie ne seray

Blanditiis demulcete fetas, vt mihi sepulchrũ fiant, vt nihil de corpore meo relinquãt, ne cũm obdormiero, molestus cuiquam inueniar:

C v

tunc ero verus Christi Discipulus, cùm mundus nec corpus meū videbit.
S. Ignat. Mart. Epist. ad Rom.

veu de personne; ie n'amuseray l'esprit de personne, & ne rempliray personne de moy.

Leçon XIII.

D. ESt-ce vn desir vniuersel & commun aux hommes, que celuy de vouloir qu'on pēse à nous, qu'on nous ayme, & qu'on nous estime?

R. C'est vn desir si commun, qu'il n'y a presque personne, s'il n'y prend bien garde, qui n'agisse & qui ne parle en cét esprit. Nous auons en nous ce desir mal-heureux & idolatre, de vouloir rēplir de nous tout le monde, de vouloir porter nostre estime dans tous les cœurs, & d'estre ainsi vne idole qu'on regarde, & à qui on s'attache continuellement.

D. Helas! quel mal-heur, & comment sommes-nous faits?
R. Nous sommes tout remplis en nostre chair, des desirs du Demon, qu'il nous a inspirez par le peché d'Adam; de sorte que nostre chair nous porte à vouloir comme luy, tenir la place de Dieu dans le monde: Et au lieu qu'autre fois l'homme deuoit estre honoré côme l'Image de Dieu, & receuoir des creatures tous leurs hômages & tous leurs deuoirs pour les porter à Dieu; depuis le peché, il les a voulu receuoir pour les appliquer à soy-mesme, & pour estre idolatré & adoré à la place de Dieu.

D. Comment pensez-vous que parle la pluspart du monde, & qu'il opere dans les choses même les plus saintes ?

R. C'est auec desir d'estre estimé, & d'imprimer l'amour de sa personne dans le cœur des Auditeurs.

D. Le moyen de ne pas tomber en ce desordre ?

R. C'est de renoncer à soy, quand on commence à parler ou à agir. Cela se fait en cette sorte : Mon DIEV, ie renonce à tous les desseins de paroître en cecy ; ie renonce à tous les desseins d'estre estimé ; ie renonce à tous les mal-heureux desirs de ma chair, qui se veut chercher en tout ; ie renonce à tout l'amour propre, & à tout l'orgueil, dont ie suis pestry.

D. Est-ce assez de renoncer à soy-même, & aux desirs

de sa propre recherche?

R. Il faut outre cela se fortifier, en se donnant à l'Esprit de Nostre Seigneur, qui depuis le Baptême est en nous pour operer nos œuures auec nous, afin que nous fassions des œuures de Iesvs-Christ, & non pas du vieil homme; afin que nous fassions des œuures d'esprit, & non de chair; & afin qu'en toutes choses Dieu soit glorifié en nous par son Fils Iesvs-Christ.

D. Voila vne belle doctrine, mais est-elle en l'Escriture?

R. Ouy, ie pourrois rapporter plusieus passages qui establissent cette verité: mais ie vous diray seulement ce qu'en dit saint Pierre, nostre Maistre en IESVS-CHRIST: Si quelqu'vn parle, qu'il parle le langage de DIEV, qu'il parle dans l'Esprit de DIEV: Si quelqu'vn rend quelque seruice selon son ministere, qu'il serue en la vertu de DIEV, afin qu'en tout la sainteté & la majesté de DIEV soit honorée par IESVS-CHRIST.

D. C'est donc en l'Esprit de IESVS-CHRIST Nostre Seigneur operant en tous, qu'on doit operer toutes choses?

R. Ouy, il faut sortir de soy, & entrer en la vertu de IESVS-CHRIST pour honorer DIEV son Pere: car autrement nous sommes tous remplis d'impureté & de mauuaises intentions, qui infectent toutes nos œuures.

D. Nous sommes bien mal-

Si quis loquitur quasi sermones Dei: si quis ministrat, tanquam ex virtute quam administrat Deus: vt in omnibus honorificetur Deus per Iesum Christum. 1. Pet. 4. 11.

heureux, nous sommes bien miserables, puisque nous ne pouuons rien faire qui puisse plaire à DIEV, demeurans en nous-mesmes?

R. C'est la corruption de nostre chair; par tout où elle se mesle, elle perd tout.

D. Ie ne m'estonne pas si nous meritons tant d'estre méprisez?

R. Nous ne meritons pas seulement d'estre oubliez & d'être méprisez comme neant: mais nous meritons encore d'estre persecutez & foulez aux pieds; enfin, de nous-mesme nous ne meritons que l'Enfer.

D. Que dites-vous là ? vous rabattez bien de la confiance que j'auois en moy ?

R. Ie ne vous dis rien que ie ne vous monstre dans l'Escriture.

Leçon XIV.

D. Pour l'amour de Dieu, expliquez-moy cette verité que vous venez de me proposer; & me la mettez tellement en l'esprit, que jamais elle n'en sorte, afin que ie puisse aymer la souffrance, la douleur, la persecution, la calomnie; en vn mot, la penitence que ie dois faire sur la terre, qui en est le sejour?

R. Voicy donc la seconde branche de la Croix; car nous auons desia veu l'obligation que nous auons d'aymer l'abjection & le mépris, qui en font la premiere branche, & de les souffrir par justice, aussi bien que par religion. Il faut maintenant voir comme nous sommes obligez d'auoir l'amour de la douleur & de la souffrance, & de porter en paix la persecution & la calomnie; non seulement à cause que dans le Baptême le Saint Esprit que nous y auons receu nous a donné ces inclinations, mais encore par justice, à cause de nostre demerite.

D. Expliquez-moy cela, s'il vous plaist?

R. Pour le bien connoistre, il n'y a qu'à sçauoir que nous sommes peché par nous-mesmes.

D. J'ay bien ouy dire que

nous estions pecheurs, mais non pas que nous estions peché?

R. Nous ne sommes pas seulement pecheurs, mais encore nous sommes peché.

D. Si cela est, il n'y a sorte d'opprobre, de calomnie, de vexation, & de persecution que nous ne meritions. Mais ie vous prie de m'apprendre cõment nous sommes peché?

R. L'homme Chrestien, dans toute la doctrine de S. Paul, est composé de deux choses; l'vne se nomme chair, & l'autre se nomme esprit. C'est ainsi que se partage l'homme, en l'Escriture?

D. I'entends bien que l'homme est composé de corps & d'ame; ie ne sçay pas si c'est la mesme chose que ce que vous me dites, quand vous m'apprenez que le Chrestien est composé de chair & d'esprit?

R. Non; par l'esprit, j'entends le Saint Esprit, & tous les dons qui sont nais de l'Esprit, comme la Foy, l'Esperance, la Charité, l'Humilité, la Patience, & autres dons, graces, & vertus semblables ; comme nous l'a enseigné saint Paul aprés Nostre Seigneur IESVS-CHRIST, qui dit en saint Iean; *ce qui est né de la chair est chair; ce qui est né de l'Esprit est Esprit.*

Ad Gal. 5.22.

Quod natum est ex carne, caro est: quod natum est ex spiritu spiritus est. Ioan. 3.6.

D. Et par la chair, qu'entendez-vous?

R. Vous le voyez bien par la parole de Nostre Seigneur en

S. Iean ; c'est ce qui n'est point le S. Espit, ou qui n'est point né du S. Esprit, mais qui est né de la chair.

D. Le corps & l'ame sont donc appellez chair dans la sainte Escriture ?

R. Ouy ; l'ame sur tout quand elle suit la chair & ses inclinations, & nostre esprit mesme, quand il agit pour paruenir aux fins de la chair, sont appellez chair ; enfin, toutes leurs pensées sont appellées chair, à cause qu'elles naissent de la chair ; & l'Escriture les condamne, comme choses de mort ; *la prudence de la chair est mort*, dit S. Paul, & nous auons eû des pensées de chair, dit encore le mesme Apostre.

<small>Prudentia carnis mors est. Ad Rom. 8 6. Ad Eph. 2. 3.</small>

D. Ce qui est né du S. Esprit,

& ce que l'on nomme Esprit, ne nous appartient point ? il n'est point né de nous ? il n'est pas nous-mesmes ?

R. Non; car c'est DIEV mesme, & les effets de sa presence, qui sont sa lumiere, sa sagesse, son ardeur, son amour, &c.

D. Il ne faut donc point s'en glorifier, ny le mettre au nombre des choses qui sont de nous ?

R. Vous auez raison, ce sont en nous des dons de la pure liberalité, & de la grande misericorde de DIEV, touché de nostre misere & de la charité de son Fils mort pour nous sur la Croix.

Leçon XV.

D. Qv'est-ce donc qui est de nous-mesme en nous?

R. Le neant & le peché : voila ce que nous sommes.

D. Nous sommes donc bien peu de chose, & dignes de toute souffrance & persecutiõ.

R. Pour le premier, ie vous l'ay desia monstré ; à sçauoir, comme nous n'estions de nous-mesmes que le neant : c'est ce que nous estiõs de toute eternité; & l'estre dont DIEV nous a couuerts n'est point de nous, il est de DIEV, & quoy qu'il nous soit dõné, il ne cesse pourtant pas d'être encore sõ estre, duquel il veut estre honoré.

D. mais pour le peché?

R. Ie vous le va dire, auec la grace de Dieu. Le premier homme Adam ayant esté creé dans l'innocéce, il pecha, & en luy tous les hómes ont peché.

D. Cómét entédez-vous cela?

R. Si vn pere auoit fait vn marché pour luy, & pour toute sa famille, n'est-il pas vray que tous ses enfans & successeurs seroient obligez aux conditions sous lesquelles il auroit contracté.

D. Il est vray?

R. Nostre premier pere a fait le premier traité au nom de tous ses enfans & de toute sa famille : par son peché il a violé ce pacte & ce traité : ses successeurs ont donc tous trempé auec luy dans son crime, & en ont juſtement porté toute la punition.

D. Ie vois bien, & ie le crois, que nous auons commis le peché en noſtre premier Pere, & que nous ſommes punis pour ce peché-là meſme, ce qui eſt juſte: mais ie ne vois pas encore cõment nous sõmes peché?
R. Il faut dire l'vn apres l'autre; & pour entendre ce que ie vous va dire, il falloit auoir preſuppoſé ce que ie vous ay dit. Le peché du premier homme a fait tel degaſt en nous, & y a mis vne telle corruption, que depuis ce temps-là nous ne ſommes que chair & que peché. D'où vient que DIEV dit, *Mon Eſprit ne demeurera point en l'homme, à cauſe qu'il eſt chair*, à cauſe que tout ſon

Non permanebit Spiritus meus in homine in æ-

son estre, & spirituel & corporel, est tout infecté du peché; son esprit est deuenu chair, il est grossier comme la chair, il est aueugle comme la chair, il ne recherche que les appetits de la chair, il est animal & terrestre comme la chair, il est tout depraué de sa droiture, il est alienédeses premieres intentions, il n'a plus que des desirs impurs, grossiers & corruptibles; en vn mot, il n'a plus rien des traits ny de la ressemblance de DIEV.

ternum, quia caro est. Gen. 6. 5.

D. Ie voudrois bien encore quelque éclaircissement sur cette matiere?

R. L'homme est si depraué en son fond, qu'il n'est qu'inclination au mal & au peché; & cette inclination est si forte en luy par la misere & par le poison du peché originel, qu'il n'est qu'abysme & goufre de peché, portant en soy le principe non seulement d'vn ou de deux pechez, mais aussi de tous les pechez ensemble.

D. Helas! qu'est-ce que cela? & pourquoy nous glorifions-nous de nostre chair? Si le Sage défend l'orgueil à l'homme, à cause qu'il est cendre & poussiere? combien plus le doit-on reprocher à la chair qui est toute pestrie de peché?

Quid superbit terra & cinis. Eccli. 10. 9.

R. C'est là ce que nous sommes.

Leçon XVI.

D. Pourriez-vous encore adjoûter quelque chose pour me faire conceuoir cóme la chair n'est que peché? R. Ie vous diray ce que j'en pense. Elle est tellement peché, qu'elle est toute inclination & tout mouuement au peché, & mesme à tout peché; en sorte que si le Saint Esprit ne retenoit nostre ame, & ne l'assistoit des secours de sa grace, elle seroit emportée par les inclinations de la chair, qui tendent toutes au peché, & qui sont toutes semées en l'ame, à cause de l'estroite liaison & de l'intime vnion que celle-cy a auecque la chair.

D. Mon DIEV, qu'est-ce donc que la chair?

R. C'est l'effet du peché, c'est le principe du peché ; en vn mot, on peut dire d'elle, comme les Iuifs disoient de l'aueugle né, qu'elle est toute née dans le peché.

In peccatis natus es totus. Ioã. 9. 34.

D. Si cela est, pourquoy ne tombons-nous pas à toute heure dans le peché?

R. C'est la misericorde de DIEV qui nous en empesche, & son Diuin Esprit qui nous assiste, & qui est en nous pour nous soustenir.

D. Ie suis donc obligé à DIEV, de ce que ie ne commets pas tous les pechez du monde?

Gratiæ tuæ deputo, & quæcunque non

R. Ouy, saint Augustin le disoit ainsi de soy-mesme ; & c'est le sentiment ordinaire des Saints; à cause que la chair est portée d'vn tel poids vers le peché, que rien que Dieu ne peut l'empescher d'y tomber.

D. Et quoy ? la sagesse & la Philosophie ne le pourroient-elles pas ?

R. Non; car autre fois les plus grands Philosophes & les hommes les plus sages qui ayent jamais esté, quoy qu'ils connussent la vertu, & qu'ils eussent vne tres-grande horreur du vice, n'ont pas laissé de faire de grandes cheutes, & sont mesme tombez dans les vices les plus horribles & les plus honteux de la nature.

D. Nous auons donc grande obligation à Nostre Seigneur Iesvs-Christ, de nous

feci mala. Quid enim nõ facere potui, qui etiã gratuitũ facinus amaui? Et omnia mihi dimissa esse fateor: Et quæ mea spõte feci mala, & quæ te duce non feci. S. Aug. Confess. l. 2. c. 7.

Ad Rom. 1.

auoir donné son Esprit, pour releuer nostre ame, & pour la retirer du bourbier du peché & des inclinations de la chair où elle est toute plongée.

R. Nostre obligation enuers luy est trop grande, pour la pouuoir exprimer.

D. Mais encore, voudriez-vous bien m'en dire quelque chose?

R. Ce que ie puis vous en dire est, qu'il n'y a sorte de peché qui puisse se conceuoir, il n'y a imperfection ny desordre, il n'y a point d'erreur, ny de confusion dont la chair ne soit remplie : si bien qu'il n'y a sorte de legereté, il n'y a sorte de folie, ny de sottise, que la chair ne fût capable de commettre à toute heure.

D. Et quoy? ie serois fol, & ferois le fol par les ruës & par les compagnies, sans le secours de DIEV?

R. C'est peu que cela, qui ne regarde que l'honnesteté ciuile. Mais il faut que vous sçachiez, que sans la grace de DIEV, sans la vertu de son Esprit, il n'y a sorte d'impureté, de vilanie, d'infamie, d'yurognerie, de gloutonnie, de blasphéme; en vn mot, il n'y a sorte de peché auquel on ne s'abandonnast.

D. La chair est donc bien corrompuë?

R. Vous le voyez.

Leçon XVII.

D. IE vois bien comme la chair est toute peché, ie n'en sçaurois plus douter; mais ie vous prie neantmoins de me le faire voir plus amplement, afin de m'en faire auoir tousiours plus d'horreur?

R. La chair est peché, entant qu'elle est toute opposée à DIEV, entant qu'elle combat contre l'esprit, & l'esprit aussi combat contre elle.

D. Que dites-vous ? la chair est opposée à DIEV & à son Diuin Esprit ?

R. Ouy, c'est saint Paul qui le dit.

D. Elle fait donc comme le

Caro cō-cupiscit aduersùs spiritum: spiritus autem, aduersùs carnem. Ad Gal. 5. 17.

Demon qui combat contre Dieu? & par conſequent, elle eſt de la nature du Demon?
R. Ouy.
D. Ie ne m'eſtonne plus ſi vous dites qu'il faut haïr ſa chair: ie ne m'eſtonne plus ſi vous dites que l'on doit auoir horreur de ſoy-meſme: ie ne m'eſtonne plus ſi vous dites que l'homme en l'eſtat où il eſt, doit eſtre maudit, calomnié, perſecuté. En verité, il n'y a ſorte de maux & de malheurs qui ne doiuent tomber ſur luy, à cauſe de ſa chair?
R. Vous auez raiſon: tout la haine, la malediction, la perſecution, qui tombe ſur le Demon, doit tomber ſur la chair & ſur tous ſes mouuemens.

D. Mais le Diable est maudit, parce qu'il ne se veut point convertir à DIEV, & ne peut jamais luy estre sujet?

R. Il en est ainsi de la chair; pendant tout le temps de cette vie, elle est tellement corrompuë, gastée, soüillée, & pervertie, que jamais elle ne peut se convertir à DIEV; elle ne sçauroit luy estre sujette, dit saint Paul: *Legi DEI non est subiecta : nec enim potest.*

Ad Rom. 8, 7.

D. Mais cela estant, comment est-il possible que les Saints qui ont vne chair semblable à la nostre, seruent DIEV dans le monde?

R. C'est qu'en eux l'Esprit de DIEV, à qui l'ame adhere, & par qui elle est éclairée, émeuë, fortifiée, entraîne la chair, & l'assujetit à DIEV mal-gré elle.

D. Est-ce malgré elle?

R. Ouy, car en cette vie elle demeure tousiours ce qu'elle est; & quoy que par fois la grace & l'épanchement de l'Esprit qui se fait sur elle la fasse réjouïr en DIEV, comme dit l'Escriture Sainte: *Cor meum & caro mea exultauerunt in* DEVM *viuum*: Ps. 83. 3. elle est pourtant preste a y resister, & se fait presque tousiours tirer par force.

D. Mais les Diables ne chantẽt jamais les loüanges de DIEV, & ne se sçauroient réjouyr?

R. Non, en l'estat où ils sont; mais DIEV pourtant, s'il lo vouloit, le leur feroit faire par sa puissance, au milieu de leur deprauation.

D. Mais pourquoy noſtre chair louë-t'elle DIEV par fois, & les Demons ne le loüent jamais?

R. Parce que les Diables ne ſont plus en eſtat d'eſperer, ny de meritèr la gloire ; mais la chair eſt donnée pour compagne de l'ame, qui merite la gloire, & l'eſpere tous les jours. De ſorte qu'en l'homme, l'ame ſert DIEV, & luy adhere en l'eſprit, & la chair demeure malgré ſoy aſſujetie à l'Eſprit, quoy qu'elle n'y ſoit pas ſoûmiſe.

D. Que veut dire cela, la chair eſt aſſujetie, & non ſoûmiſe?

R. La chair eſt comme le Demon, qui mal-gré ſa contradiction & ſa rage eſt aſſujety à la puissance de l'Esprit Diuin; mais toutesfois, il n'est pas soûmis à ses loix.

D. La chair est-elle ainsi disposée, pendant que l'ame sert DIEV en elle?

R. Ouy, dans le temps que ie prie DIEV, & que ie me soûmets à luy, pendant que ie m'éleue à DIEV en la vertu de l'Esprit, en mesme temps la chair se diuertit de DIEV, elle se distrait à la creature, elle s'affaisse & s'appesantit vers la terre, & ainsi elle détourne souuent l'ame de DIEV; *Deprimit sensum multa cogitantem.* Sap. 9. 15. En mesme temps que l'ame se tient dans la pureté, la chair se porte à l'impureté & à la des-honnesteté ; en mesme temps que l'ame entre dans la sainteté de DIEV, la chair se mesle, se soüille, & se gaste en la creature; enfin, la chair ne change jamais, & ne cesse d'être ce qu'elle est, non plus que le Demon.

※※※ ※※※ ※※※ ※※※ ※※※ ※※※

Leçon XVIII.

D. Qvand sera-ce que l'homme & la chair ne seront plus peché?

R. Dans le Paradis au iour de la Resurrection, quand DIEV reformera ce corps vil, abject, & humilié.

Reformabit corpus humilitatis nostræ Ad Phil. 3. 21.

D. Est-ce bien dit, ce corps humilié?

R. Ouy, c'est bien dit; aussi est-ce aprés saint Paul que nous le disons: car en effet, l'homme merite toute humi-

pour la vie interieure. 87
liation, il n'y a point de confusion qu'il ne doiue souffrir: Par exemple, si on dit de moy, de vous, ou de qui que ce soit, cét homme ou cette femme est auare ; il le faut endurer, ayans en nous vn principe d'auarice insatiable, quoy que la grace en ait peut-estre étouffé le sentiment en nos ames. Si on dit, cét homme, cette femme est des-honneste ; il le faut endurer, à cause que la semence de tout vice & de toute impureté, se trouue en la chair, qui porteroit l'ame au peché, si l'Esprit ne l'en détournoit: dit-on qu'il y a bien de l'orgueil en vous & en moi, cela est tousiours vray, quelques effets que la grace de Iesvs-Christ & de son

S. Esprit ait operez en nous, & on ne nous fait point de tort ny d'injure, de nous appeller des superbes, parce que nostre chair demeure toûjours la mesme, c'est à dire, toûjours pestrie d'orgueil, & toûjours preste d'en passer aux effets ; si bien que nous ne cessons jamais d'estre superbes, quoy que nous ne le sentions pas, & que nous nous exercions par fois dans des actes d'humilité. Ainsi en est-il de toutes les autres imperfections qui peuuent se conceuoir en l'homme ; à cause que la chair est la source, la cloacque, & la sentine de toute impureté, de tout desordre, & de tout peché.

D. Il n'y a donc aucune sorte

d'iniures qu'on ne doiue supporter, & qu'on ne doiue croire nous estre bien deuës?
R. Non.
D. Les mépris, ny les injures, ny les calomnies, ne doiuent donc point nous troubler?
R. Non; il faut faire comme ce Saint, qui autre fois fut conduit à la potence, pour vn crime qu'il n'auoit point commis, & dont il ne se voulut pas justifier, disant en soy-mesme qu'il l'auroit commis, & de bien plus grands encore, si Dieu ne l'eust empesché.
D. De la sorte, nous deuons souffrir toutes persecutions?
R. Si nous estions bien instruits de la malice de nostre chair, nous ne douterions pas de cela : au contraire, nous

deurions le souhaiter, pour reprimer par ces chastimens sa rebellion continuelle contre DIEV.

D. Les hommes, les Anges, & DIEV mesme, nous deuroient donc persecuter incessamment?

R. Ouy; cela deuroit estre ainsi, comme il le sera au iour du Iugement à l'égard des pecheurs, que DIEV punira, & sur qui il exercera sa vengeance par toutes les creatures, où il est habitant, comme par autant d'instrumens de l'execution de sa Iustice. Ainsi, en toute maladie, persecution, mépris, & autre affliction, il faut nous mettre du party de DIEV contre nous mesme; & dire que nous les

Pugnabit cum illo orbis terrarum contra insensatos. Sap. 5. 21.

meritons juſtement, & dauantage; qu'il a droict d'vſer de toute creature pour nous punir; & que nous adorons la grande miſericorde qu'il exerce maintenant ſur nous, ſçachant bien qu'au temps de ſa juſtice il nous traitera plus rigoureuſement.

D. Qu'appellez-vous les temps de ſa Iuſtice?

R. Le temps de l'autre vie, où DIEV ne fera plus miſericorde aux hommes, où ſa Iuſtice ne ſera plus meſlée de compaſſion de nos miſeres, où il nous traitera ſelon toute la ſeuerité de ſon ſaint Iugement.

D. Cela ſera eſtrange?

R. *C'eſt vne choſe horrible*, dit l'Eſcriture, *de tôber dans les mains de* DIEV *viuant*; alors il n'y

Horrendum eſt incidere in manus Dei viuentis. *Ad Hebr.* 10. 31.

aura sorte de croix & d'affliction, dont l'ame & le corps ne soient accablez.

D. Il est donc bien plus doux de porter maintenant la Croix que la Iustice de DIEV nous impose, dans ce temps de misericorde, où l'on est soustenu par la grace & par la vertu que la bonté de DIEV nous donne; que d'attendre au temps où l'on sera delaissé de tout secours & de toute consolation, & accablé de toute sorte de tourmens?

R. Vous auez bien raison; dans l'Enfer on n'a point de vertu qui soustienne, point de grace qui fortifie, point d'onction qui console & qui adoucisse le joug de la rigueur de DIEV; ce qui toutesfois est icy le plus grand temperament de nos croix & de nos tourmens.

Leçon XIX.

D. Vous m'auez bien mõstré comme on est obligé depuis le peché, de porter les deux premieres parties de la Croix ; à sçauoir, les mépris, & les persecutions, ou peines violentes, que l'on nomme souffrances ; mais vous ne m'auez pas encore parlé d'vne autre partie aussi fascheuse à porter que les autres ; c'est la pauureté, qui est la troisiéme branche du Crucifix, & de la Croix des Chrestiens?

R. Vous dites vray ; mais il est bien-aisé de le faire, & de vous monstrer comme on est obligé en suite du peché, de porter la pauureté la plus grãde qu'on puisse conceuoir. La justice des Roys du monde, qui ne fait rien de juste, que par la participation de la Iustice de DIEV mesme, qui comprend en soy toute justice, nous l'apprend dans les loix qu'elle fait côtre les criminels.

D. Que fait la justice des Rois contre les criminels?

R. Aussi-tost qu'elle a conuaincu vn homme du crime de leze-Majesté, elle le priue de tous ses biens, elle raze ses maisons; elle dépoüille de tous droicts en son Royaume, non seulement le criminel, mais mesme toute sa famille & tous ses descendans.

D. Est-ce ainsi que Dieu a traité les pecheurs?

R. Ouy, & en la personne du premier homme, & aprés luy en celle de tous ses enfans: car premierement il a chassé Adã de sa demeure & de sa belle maison le Paradis terrestre, qui est comme razé & démoly pour luy & pour tous ses enfans. Secondement, il l'a depossedé de l'Empire du monde, dépoüillé de tous droicts, & reduit à vn estat d'vn tres-mal-heureux esclauage.

D. Mais pourquoy Dieu oste-t'il les biens à vn pecheur?

R. Parce qu'il n'est pas juste qu'vn seruiteur rebelle, qu'vn valet reuolté, qu'vn traistre & infidele jouysse des biens de son Maistre; il est juste que le

Maistre les luy oste d'entre les mains, qu'il le chasse de sa maison, & qu'il ne le souffre plus manger de son pain en sa compagnie : il est juste que DIEV oste son bien à ses ennemis, dont ils n'vsent ordinairement que pour l'offenser.

D. D'où vient donc que les pecheurs vsent tous les jours des biens de DIEV? pourquoy viuent-ils si à leur aise? pourquoy abonde-ils en biens?

R. C'est que DIEV n'exerce pas sa Iustice sur eux en ce monde : il se reserue à les punir en l'autre ; alors le plus riche des hommes n'aura pas vne goutte d'eau à mettre sur la langue, comme le dit Nostre Seigneur : alors ils seront si gueux

Luc. 16. 24.

si gueux & si miserables, qu'ils seront dépoüillez de tout, & mesme de l'vsage de leurs puissances naturelles, lequel leur sera osté par l'excés des tourmens, & par la soustraction du secours de DIEV, qui n'assistera plus à l'employ & à l'exercice de leurs facultés, que pour leur faire ressentir plus viuement leurs supplices.

D. Les Demons & les reprouuez sont donc bien miserables?

R. Ils sont si miserables, qu'il n'y a que DIEV seul qui le connoisse; eux-mesmes ne le comprénent pas, tant pour ce que leur peine est si grande, qu'elle excede toute connoissance, que pour ce qu'elle ne leur donne aucun relasche

E

pour y penser meurement; ils crient sans cesse rage & desespoir, & ne font autre chose. Les pecheurs, dans l'ordre de la Iustice de DIEV, deuroient estre en pareil estat.

D. Quoy ? les pecheurs deuroient donc estre pauures & dépoüillez de tout, comme les Demons?

R. Ouy, ils deuroient estre pauures & gueux comme les Demons, qui s'estiment trop heureux quand on leur donne vn cheueu, ou vn festu, comme on l'apprend des sorciers. Les pecheurs deuroient encore estre interdits de toutes leurs facultez corporelles & spirituelles, & dépoüillez de tous les dons de DIEV.

D. D'où vient qu'ils n'en

font pas priuez.

R. C'eſt parce que IESVS-CHRIST leur a acquis le droict qu'ils auoient perdu; c'eſt à cauſe de luy que les hommes en ont la jouyſſance; ils ne tiennent rien de tous les biens corporels ou ſpirituels, que par la pure miſericorde de DIEV, & de IESVS-CHRIST Noſtre Seigneur, qui émeu de compaſſion ſur la miſere des hommes, eſt venu luy-meſme la porter, & par ſa pauureté ſatisfaire à celle que tous les hommes doiuent ſouffrir.

D. Expliquez-moy cela plus particulierement des biens de l'eſprit, tant de la nature que de la grace?

R. Nous n'auons aucun vſage de nos puissances, nous n'auons aucune lumiere d'esprit, aucun mouuement de volonté, que par l'acquisition de IESVS-CHRIST, à cause que par l'estat de nostre peché en Adam, nous deuions tout perdre ; mais nous auons recouuert en IESVS-CHRIST, ce que nous auions perdu, & recouuert encore beaucoup plus de graces & de biens que le peché ne nous en auoit osté. Ainsi en IESVS-CHRIST, la grace a sur-abondé par dessus le peché ; & comme chante l'Eglise, heureux le peché qui nous a procuré ce bonheur en IESVS-CHRIST.

Ad Rom. 5.

O felix culpa, quæ talem ac tantum meruit habere Redemptorem.

Leçon XX.

D. POur estre parfait Chrestien, suffit-il d'auoir les dispositions que vous m'auez marquées jusqu'icy ?

R. Non : car de plus, il faut que les Chrestiens participent à tous les Mysteres de Iesvs-Christ qui se sont passez exprés en luy, pour estre des sources de graces, tres-grandes & tres-particulieres en son Eglise.

D. Chaque Mystere a-t'il acquis quelque grace speciale à l'Eglise ?

R. Ouy, chaque Mystere a acquis à l'Eglise la grace sanctifiante, & diuersité d'estats & de graces particulieres que

Dieu répand dans les ames épurées, quand il luy plaist, & plus ordinairement dans le temps de la solemnité des Mysteres.

D. Combien y a-t'il de Mysteres principaux, ausquels l'ame peut participer?

R. Elle doit participer generalement à tous, mais principalement à six; qui sont, l'Incarnation, le Crucifiment, la Mort, la Sepulture, la Resurrection, & l'Ascension.

D. Quelle grace opere en nous le Mystere de l'Incarnation?

R. La grace d'aneantissement à tout propre interest & à tout amour propre.

D. Qu'est-ce à dire, aneautissement à tout propre interest & amour ?

R. C'est à dire que, comme par le saint Mystere de l'Incarnation, l'Humanité Sainte de Nostre Seigneur a esté aneantie en sa propre personne ; de sorte qu'elle ne se cherchoit plus, elle n'auoit plus d'interest particulier, elle n'agissoit plus pour soy; ayant en soy vne autre personne substituée ; à sçauoir, celle du Fils de DIEV, qui recherchoit seulement l'interest de son Pere, qu'il regardoit tousiours, & en toutes choses : de mesme, nous deuons estre aneantis à tous propres desseins, & à tous propres interests, & n'auoir plus que ceux de IESVS-CHRIST qui est en nous, afin d'y viure pour son Pere, *Sicut misit me viuens Pater, & ego viuo propter Patrem; Et qui manducat me, & ipse viuet propter me.* De mesme que mon Pere, lors qu'il m'a enuoyé, m'a couppé toute racine de recherche de moy-mesme, en m'ostant la personne humaine, & en substituant vne Diuine auec son Esprit, pour me faire viure pour luy. Ainsi, quand vous me mangerez, vous viurez tout pour moy, & non pour vous, à cause que ie seray viuant en vous, & que ie rempliray vostre ame de mes desirs & de ma vie, qui consumera & aneantira tout le propre qui est en vous: si bien que ce sera moy qui viuray &

desireray tout en vous au lieu de vous; & ainsi aneantis en vous-mesmes, vous serez tout reuestus de moy.

D. Ce reuestement de Nostre Seigneur est-il vne seconde grace du Mystere de l'Incarnation?

R. Ouy: car outre que le Mystere de l'Incarnation, à proprement parler, opere en nous vn dépoüillement & vn renoncement à tout nous-mesmes, *Abneget semetipsum*; il opere de plus vn reuestement de Nostre Seigneur, par vne consecration totale à DIEV. Ainsi qu'au iour de l'Incarnation, Nostre Seigneur se dévoüa & dédia tout à son Pere, en soy, & en tous ses membres, faisāt vsage en son Esprit de toutes les occasions que luy & tous ses membres auroient jamais de seruir & de glorifier Dieu.

D. Au tres-saint iour de l'Incarnation Nostre Seigneur Iesus-Christ a-t'il offert à Dieu son Pere toute sa vie & celle de tous ses membres?

R. Ouy, il les a offertes, & il continuë encore cette mesme offrande : il est tousiours viuant dans les mesmes dispositions qu'il a euës pendant toute sa vie, il ne les interrompt jamais ; & il s'offre tousiours à Dieu en soy, & en tous ses membres, dans toutes les occasions qu'ils ont de le seruir, de l'honorer, & de le glorifier. Nostre Seigneur en sa personne Diuine, est vn Autel, sur qui tous les hommes sont offerts à DIEV, auec toutes leurs actions & souffrances : c'est cét Autel d'or, sur qui se consomme tout parfait Sacrifice : la nature humaine de IESVS-CHRIST, & celle de tous les Fidelles, en sont l'hostie, son Esprit en est le feu, & DIEV le Pere est celuy à qui on l'offre, & qui y est adoré en esprit & en verité.

LEÇON XXI.

D. JE suis satisfait de ce que vous m'auez dit du grand & saint Mystere de l'Incarnation : mais pour le Mystere du Crucifiement, quelle grace opere-t'il en nous?

R. Il nous donne la grace & la force de crucifier tous nos membres, en la vertu de l'Esprit de DIEV, qui est comme nostre meurtrier & l'executeur de la sentence prononcée contre la chair : les cloux dont il se sert sont les vertus, qui lient nostre amour propre, & nos desirs de chair. Cét estat de cruciſiment suppose que l'ame est viuante à soy, & qu'elle combat encore, & que l'Esprit Diuin vse de violence & de vehemence sur le corps, pour le meurtrir & le crucifier. *Mortifiez vos membres qui sont sur la terre*, dit saint Paul. Ainsi cét estat dit resistance à l'Esprit de la part de la chair; & souuent mesme en ces ago-

Mortificate ergo membra vestra qræ sunt super terram. Ad Col 3. 5.

nies, on souffre & on suë auec des peines excessiues.

D. Que faut-il faire, quand on sent en soy quelques desirs qui se souleuent, & qui donnent de la peine?

R. Il faut s'exposer à l'Esprit, le prier qu'il vse de sa puissance contre la chair, & luy dire qu'il agisse en maistre, que de nostre costé nous renonçons à tous nos desirs, & que nous nous vnissons à luy pour agir en sa vertu contre nous-mesmes, nous aneantissant, nous confondant, & détruisant tous ces soûleuemens en nous, autant que nous le pouuons, comme vne hostie que Dieu prend plaisir de voir immoler à sa Iustice.

Leçon XXII.

D. COmment pouuons-nous participer au Myſtere de Mort de Noſtre Seigneur?

R. Par la Communion à la grace & à l'eſtat de mort, que Noſtre Seigneur nous a acquiſe par ce Myſtere.

D. Qu'eſt-ce que l'eſtat de mort?

R. C'eſt vn eſtat où le cœur ne peut eſtre émeu en ſon fond; & quoy que le monde luy monſtre ſes beautez, ſes honneurs, ſes richeſſes, c'eſt tout de meſme que s'il les offroit à vn mort, qui demeure ſans mouuement & ſans defirs, infenfible à tout ce qui fe prefente.

Le Chreftien dans l'eftat de mort interieure, quoy que fes fens luy monftrent, quoy que les malignitez du monde luy fufcitent, eft interieurement inébranlable à tout ; il peut eftre agité au dehors, pendant qu'il eft en vie, mais toufiours il eft en paix au dedans, il demeure infenfible à tout, & n'en fait non plus de cas que fi tout n'eftoit rien, parce qu'il eft mort en Noftre Seigneur.

<small>Mortui enim eftis. Ad Col. 3 3.</small>

Le mort peut bien eftre agité par dehors, & receuoir quelque branfle en fon corps ; mais cette agitation eft exterieure, elle ne procede pas du dedans, qui eft sans vie, sans vigueur, & sans force : Tout de mesme, vne ame qui est morte interieurement, peut bien receuoir des attaques des choses exterieures, & estre ébranlée au dehors ; mais au dedans de soy, elle demeure morte, & sans mouuement pour tout ce qui se presente, n'y ayant plus de vie pour le monde en son fond, où tout est insensible & mort aux choses vaines du siecle, à cause de la vie diuine, qui absorbe ce qui est de mortel en elle.

Vt absorbeatur quod mortale est à vita. 2. Ad Cor. 5. 4.

Leçon XXIII.

D. ET pour la Sepulture de Nostre Seigneur, quelle est la grace qu'elle nous ac-

pour la vie interioure. 213

quiert, & en quoy cette grace est-elle differente de celle de la mort ?

R. C'est que le mort a encore la face du monde & de la chair: l'homme mort paroist encore estre vne partie d'Adam; encore par fois le remuë-t'on, il donne encore quelque aggrément au monde. Mais de l'enseuely on ne dit plus mot, il n'est plus dans le rang des hommes, il est puant, il est en horreur, il n'a plus rien qui aggrée, il est foulé aux pieds dans vn Cimetiere, sans que l'on s'en estonne, tant le monde est conuaincu qu'il n'est rien, & qu'il n'est plus du rang & du nombre de ses freres.

La sepulture dont parle saint Paul, lors qu'il dit que nous

Consepulti enim sumus cum

Illo per Baptismum in mortem. Ad Rom. 6.4. Consepulti ei in Baptismo. Ad Col. 2.12. Nisi granum frumēti cadens in terram, mortuũ fuerit, ipsum solũ manet. Si autem mortuũ fuerit, multum fructum affert. Ioā.12.24

sommes enseuelis auec Nostre Seigneur par le Baptême, est la mesme chose que la pourriture dont parle Nostre Seigneur en S. Iean, lors qu'il dit ; *Si le grain de froment qui tombe en terre ne meurt* & ne pourrit, *il demeure tout seul & sans fruict.*

Et cette sepulture & pourriture est differente de la mort, en ce que l'estat de mort dit seulement vn estat de consistance, de fermeté, & d'insensibilité ; mais l'estat de sepulture & de pourriture, dit la destruction totale de l'estre, & la production du germe d'vne nouuelle vie ; le grain pourry est le tombeau, d'où ressuscite la nouuelle vie ; Et de la sepulture, ou pourriture d'Adam renaist la vie de l'Esprit ; le corps d'vn Chrestien qui est pourry à Adam, voit renaistre le grain & le germe d'vne vie Diuine, que l'Esprit Diuin y produit auec tous les effets & tous les mouuemens de sainteté qui l'accompagnent ; & tout cela fondé sur la Sepulture de Nostre Seigneur, laquelle a compris sa Mort & sa Resurrection, puisque ce Diuin Sauueur a veu naistre sa vie du milieu du tombeau, où la mort auoit mis cét admirable grain de froment des Eleus.

Leçon XXIV.

D. Qv'est-ce que nous donne le saint Mystere de la Resurrection de Nostre Seigneur ? quelle est sa grace en nous ?

R. C'est vne grace d'éloignement de tout le siecle, d'éloignement de la vie presente, & qui fait soûpirer pour la future, & aspirer continuellement au Ciel, à l'exemple de Nostre Seigneur, qui aprés sa Resurrection, ne pouuoit mesme viure auec ses Disciples, ny souffrir leur incredulité & dureté de cœur, tant il viuoit dans l'impatience & dans le desir d'estre auec son Pere, comme il le témoignoit desia durant sa vie, par ces paroles: *Clarifiez-moy mon Pere*, &c.

Pater venit hora, clarifica filium tuum. Ioa. 17. 1.

D. Mais il ne faudroit point viure sur la terre, pour estre en cét estat?

R. Vous m'excuserez; car Nostre Seigneur apres sa Resurrection, paroist encore auec ses Disciples; il conuerse auec eux, mais c'est plus rarement; il mange mesme auec eux, mais c'est auec éloignement & dégoust.

D. Cét estat souffre-il encore quelque attache aux creatures?

R. Non; on le voit en ce qui se passe entre Nostre Seigneur & sainte Magdelaine; il n'en souffre plus les approches, les familiaritez, & les caresses; il l'a renuoye, à cause que l'estat de sainteté, dans lequel entre l'ame ressuscitée, porte éloignement de toute la creature presente; Soyez sainte, ô Magdelaine, car ie suis Saint; cessez d'estre attachée au prophane du siecle, à cause qu'étant saint comme ie suis, ie ne sçaurois m'en approcher, ny par consequent de vous, si vous y auez encore quelque attache.

L'estat de Resurrection porte auec soy retraite des creatures, vnion & application à Dieu; non toutesfois si parfaite, que celuy de l'Ascension.

Leçon XXV.

D. Qv'eſt-ce donc que l'eſtat & la grace du ſaint Myſtere de l'Aſcenſion ?

R. C'eſt vn eſtat parfait de conſommation en Dieu; c'eſt vn eſtat de triomphe & de gloire acheuée; c'eſt vn eſtat, où il ne paroiſt plus rien d'infirme.

D. Paroiſſoit-il encore quelque infirmité en Noſtre Seigneur Iesvs-Christ, aprés ſa Reſurrection ?

R. Il en auoit encore quelques marques, & ſembloit ſe dépoüiller quelquefois de la gloire parfaite de ſa conſom-

mation, & de sa totale ressemblance à DIEV son Pere, il rendoit encore sa nature palpable & visible aux yeux de ses Apostres, il estoit encore mangeant auec eux: mais au iour de son Ascension, sa gloire ne souffre plus d'interruption ny de suspension, l'éclat n'en est plus supportable aux yeux des hommes; estant entré en la splendeur de DIEV son Pere, il demeure caché dans son sein, il ne tombe plus sous nos sens; & quoy qu'il y conserue les qualitez de la nature humaine, il ne les assujetit plus à nostre infirmité, il y est esprit vivifiant, estant parfaitement entré en la vertu & en la nature de son Pere, glorieux, spirituel,
tout-

Palpate, & videte: quia spiritus carnem & ossa non habet, sicut me videtis habere. Luc. 24. 39.

tout-puissant : ce qui fait mesme, qu'étant entré en ses estats interieurs & intimes, il enuoye auec luy son Saint Esprit; il entre en la fecondité & en l'vnité du Pere, pour donner son Esprit au dehors; & comme le Verbe Eternel, & infiniment Vn auec son Pere, par vn principe interieur & identifique, produit le Saint Esprit auec luy & en luy : de mesme, IESVS-CHRIST Nostre Seigneur, qui est exterieur à DIEV par sa nature humaine, se reünissant à luy, & r'entrant dans l'vnité parfaite auec luy, produit le Saint Esprit, & auec luy l'enuoye hors de luy à ses Apostres ; ce qui est la merueille admirable de la Diuine Ascension.

F

Et de là vient, qu'vne ame qui entre en cét estat de la Diuine Ascension de Nostre Seigneur IESVS-CHRIST, reçoit, comme dit l'Eglise, la participation de la Diuinité, selon le desir que, dans l'Escriture Sainte, DIEV témoigne auoir que nous soyons *faits participans de la Nature Diuine.*

Estat admirable de l'ame interieurement renduë conforme, & entierement semblable à DIEV, &, comme disent les Saints, parfaitement *Deiforme* ; c'est à dire, toute ardente d'amour, & lumineuse de la clarté de DIEV.

L'ame en cét estat ne décheoit plus de l'vnion, ou de

Est eleuatus in cælum vt nos Diuinitatis suæ tribueret esse participes. En la Preface de la Messe du S. iour de l'Ascension. Diuinæ consortes naturæ. 2. Pet. 1. 4.

l'vnité en DIEV, pour descendre à la bassesse de l'infirmité humaine; vous ne la voyez plus épanchée en passion & en amour propre; elle n'admet plus en son fond la transformation en la creature; elle ne laisse plus prendre racine en elle à l'amour des choses perissables, qui fait qu'on se trásforme en la creature, qu'on se voit en elle, & qu'on l'a voit en nous, & qu'ainsi on décheoit de cette parfaitte ressemblance à DIEV & à IESVS-CHRIST monté au Ciel; où estant tout transformé & consommé en son Pere, & nous attire auec luy à la transformation & consommation en DIEV. C'est pourquoy il disoit à sainte Magdelaine,

Noli me tangere nondùm enim ascendi ad Patrem meum. Ioā.20.17

Ne me touche point, car ie ne suis pas monté à mon Pere : attends que ie sois dans l'estat où ie t'attireray en mon Pere, & à la transformation & consommation en luy : Et c'est ce qu'il fait au tres-saint Sacrement, où estant entré en sa vertu, il consomme & transforme en luy les ames, *Non me mutabis in te, sed tu mutaberis in me.* L'ame en l'estat de la Resurrection doit craindre l'attache, & mesme l'approche des creatures de peur de décheoir, de se laisser transformer en elles, & de deuenir participante de leur prophanation.

D. L'estat de la sainte Ascension est donc l'estat des parfaits ?

R. Ouy, c'est l'estat des ames

parfaites & consommées interieurement en DIEV, dans l'estre & dans la vie duquel elles sont passées par la vertu d'vne vnion parfaite & tresintime.

D. O l'estat admirable ?

R. Ouy ; c'est pour cela qu'on appelle cette sainte Ascension de Nostre Seigneur, *Admirable*, qui cause aux ames des estats de sainteté inconceuables.

Per admitabilem Ascensionem tuam.

D. Dites-m'en encore quelque chose pour me donner enuie d'y paruenir ?

R. L'ame en cét estat est impenetrable aux traits du monde, elle n'est plus susceptible de l'imperfection des creatures, elle est en soy parfaitement separée de l'estre prophane, elle possede vne paix & vn repos Diuin, elle est dans l'immutabilité interieure, inébranlable à toute chose; & c'est à vne ame en cét estat qu'on peut dire hardiment ces paroles du Prophete : *Il ne vous arriuera point de mal, & aucun fleau n'approchera de vostre Tabernacle.* Vous diriez qu'elle est desia par vne heureuse anticipation, dans vn estat d'Eternité.

Non accedet ad te malū, & flagellum non appropinquabit tabernaculo tuo. Ps. 90. 10.

Cét estat est vn estat de pureté admirable, où l'ame n'a plus de mélange auec l'estre prophane, ny plus d'épanchement sur luy. Elle peut voir autour de soy son vieil homme, & sa chair se changer & s'alterer; mais tousiours intime, & tousiours interieure à elle-mesme, elle ne décheoit point de son estat, elle demeure ferme, elle fait mesme tousiours de nouueaux progrés, & ce n'est qu'en sa chair que se trouue l'alteration. *Licet is, qui foris est, noster homo corrumpatur: tamen is, qui intus est, renouatur de die in diem.*

2. ad Cor. 4. 16.

Fin de la premiere Partie.

CATECHISME CHRESTIEN,
POVR LA VIE INTERIEVRE.

Seconde Partie.

D'VN MOYEN principal pour acquerir & conseruer l'Esprit Chrestiē.

Leçon I.

Demande. Prés m'auoir enseigné en quoi consiste l'Esprit Chrestien, vous plairoit-il de me donner quel-

que moyen pour l'acquerir &
pour le conseruer?
R. Vn des principaux & plus
efficaces est la Priere ; car No- *Pater ve-*
stre Seigneur asseure dans l'E- *ster de*
uangile, que DIEV nostre *bit Spiri-*
Pere donnera l'Esprit bon, *num pe-*
c'est à dire l'Esprit Chrestien, *tentibus*
à ceux qui le luy demande- *Luc.1.2.*
ront.
D. Faites-moy donc la grace
de m'enseigner la methode
que ie dois garder en la Priere?
R. Il faut premierement y
porter des dispositions semblables à celles que Nostre
Seigneur auoit luy-mesme, &
qu'il a enseignées à ses Disciples; il faut nous addresser en
toute humilité & confiance
au Pere Eternel, comme il
s'y addressa luy-mesme dans

F v

ses belles Prieres couchées en saint Iean, & comme il nous apprend encore dans le *Pater*.

D. Qu'entendez-vous par le mot d'humilité?

R. I'entends premierement vn sentiment de confusion pour nostre indignité causée par nos pechez, que DIEV ne peut souffrir; *vous n'estes point vn* DIEV *qui aymiez l'iniquité*, luy dit le Psalmiste; & souuenons-nous de céte autre parole, DIEV *n'exauce point les pecheurs*. Secondement, j'entends par l'humilité ce mesme sentiment de honte & de confusion, qui vient de nostre incapacité de prier: car la Priere est vn acte surnaturel, qui ne se peut faire sans grace; &

cap. 17.

Non DEVS volens iniquitatem tu es. *Psal.* 5.
Peccatores DEVS non audit. *Ioã.* 9. 31.

l'homme par soy-mesme, est vn pur neant de grace, & ainsi il est du tout incapable de prier.

D. Commènt donc peut-on prier auec confiance ?

R. Dieu y a pourueu ; & ie vay vous apprendre le secret de la confiance, qui est si glorieux à Dieu & si vtile à l'Eglise. Aprés que l'on s'est tenu quelquè temps dans ce sentiment d'humilité, dont ie vous ay parlé, il faut se recueillir en l'Esprit de Iesvs-Christ, qui est dans le cœur de tous les enfans de l'Eglise, pour les éleuer à la Priere, comme le dit saint Paul. *Accepistis spiritum adoptionis filiorum, in quo clamamus : Abba (Pater.)* Ad Rom. 8. 15.

ses belles Prieres couchées en saint Iean, & comme il nous apprend encore dans le *Pater*.

D. Qu'entendez-vous par le mot d'humilité?

R. I'entends premierement vn sentiment de confusion pour nostre indignité causée par nos pechez, que DIEV ne peut souffrir; *vous n'estes point vn* DIEV *qui aymiez l'iniquité*, luy dit le Psalmiste; & souuenons-nous de céte autre parole, DIEV *n'exauce point les pecheurs*. Secondement, j'entends par l'humilité ce mesme sentiment de honte & de confusion, qui vient de nostre incapacité de prier: car la Priere est vn acte surnaturel, qui ne se peut faire sans grace; &

Ioā. 17.

Non DEVS volens iniquitatem tu es.
Psal. 5.
Peccatores DEVS non audit.
Ioā. 9. 31.

l'homme par soy-mesme, est vn pur neant de grace, & ainsi il est du tout incapable de prier.

D. Commènt donc peut-on prier auec confiance?

R. Dieu y a pourueu; & ie vay vous apprendre le secret de la confiance, qui est si glorieux à Dieu & si vtile à l'Eglise. Aprés que l'on s'est tenu quelquè temps dans ce sentiment d'humilité, dont ie vous ay parlé, il faut se recueillir en l'Esprit de Iesvs-Christ, qui est dans le cœur de tous les enfans de l'Eglise, pour les éleuer à la Priere, comme le dit saint Paul. *Accepi-* *stis spiritum adoptionis filiorum, in quo clamamus: Abba (Pater.)*

Ad Rom. 8. 15.

c'est à dire, qu'en cét Esprit nous prions auec confiance; ce qui est marqué, & par ce nom de Pere qui est repeté deux fois, *Abba Pater*; & par la clameur auec laquelle nous prenons la liberté de pousser nos prieres vers luy, *Clamamus* : car cela exprime la fermeté de la côfiance & la force du zele, auec lesquelles nous demandons à DIEV tous nos besoins pour sa gloire : A quoy j'adjoûteray encore ce que saint Paul dit en vn autre endroit ; Que *l'Esprit demande pour nous auec des gemissemens inénarrables.*

<small>Spiritus postulat pro nobis gemitibus inenarrabilibus. Ad Rom. 8. 26.</small>

D. Que veut dire cela ? car ie n'auois jamais ouy dire que le Saint Esprit gemist ?

R. C'est par mystere, qu'il est

dit que le Saint Esprit pleure, car toutes les paroles de l'Escriture sont mysterieuses; & c'est à dire, que quand on prie dans l'vnion de l'Esprit, on obtient plus qu'auec tous les gemissemens & toutes les larmes imaginables. Et j'adjoûteray encore à cecy, que Nostre Seigneur qui habite en nous, & qui fait les fonctions du Saint Esprit, *Factus est in spiritum vinificantem*; est appellé par Dauid en esprit de Prophetie, *Hostie de vociferation.*

1. ad Cor; 15. 45.

Hostiam vociferationis. Ps. 26. 6.

D. Que veut dire ce mot, Hostie de vociferation?

R. Le Prophete parle par allusion, aux clameurs & au grand bruit que faisoient les animaux dans le Temple, qui estoient la figure de IESVS-CHRIST sur la Croix & dans nos cœurs. Or il est dit de Nôtre Seigneur, qu'il pria pour nous *auec profusion de larmes, & auec de puissans cris.*

D. Que signifioit cela en Nôtre Seigneur?

R. Cela monstroit la tendresse de son amour enuers nous, & la force & vertu de son zele en ses prieres.

D. Nostre Seigneur IESVS-CHRIST fait-il le mesme dans nos cœurs?

R. Ouy, il le fait par tout où il est, & dans nos cœurs, & dans le saint Sacrement, & dans le sein de DIEV son Pere; & en voicy la raison: ce que le Saint Esprit a commencé vne fois dans le cœur

Preces supplicationesque cum clamore valido & lacrymis offerens. Ad Hebr. 5.7.

Dominus in eis, in Sina, in sancto. Ps. 67. 18.

de IESVS, il l'a continué pendant toute sa vie, & le continuëra toute l'Eternité : Les operations de sainteté dans le cœur de IESVS sont eternelles, comme celles de tous les Saints en Paradis. Et le grand secret du Christianisme, & tout le sujet de la confiance des Enfans de DIEV, consiste en ce que IESVS-CHRIST nous est toutes choses, comme le dit saint Paul. Il est nostre priere, nôtre humilité, nostre patience, nostre charité, &c.

Omnia & in omnibus Christus. Ad Col. 3. 11. Omnia in ipso constant. ibid. 1. 17.

Voicy donc les dispositions qu'il faut auoir pour la Priere, & l'ordre que nous y deuōs tenir. Il faut se presenter à DIEV, nostre Pere, qui est toûjours plein de charité, & qui nous

In chari- tate per- petua di- lexi te. Ierem. 31. 3.

dit par vn Prophete ; *Ie vous ay aymé d'vn amour continuel.* Et quoy que nos pechez nous rendent indignes de paroistre deuant luy; si toutesfois nous nous vnissons à Iesvs-Christ, nostre indignité est couuerte deuant son Pere, lequel sent le parfum des habits de son Fils aisné I e s v s-C h r i s t Nostre Seigneur, qui comme vn autre Esaü, nous couure

Sempèr viuens ad inter- pellan. ū pro no- bis. Ad Hebr. 7. 25. Aduoca- tum ha- bemus apud Pa- trem, Ie- sū Chri- stum iu- stum. 1. Ioã. 2. 1.

ainsi que des Iacobs. Il faut donc aprés s'estre tenu quelque temps dans des sentimens d'humilité, entrer en I e s v s-C h r i s t comme nostre Priere, & s'vnir à luy comme nôtre Aduocat; & en suite animez de cét Esprit, rendre à Dieu tous nos deuoirs, & luy demander tous nos besoins. Et pour voule dire en vn mot, ce que ie croy de principal en la Priere, aprés l'humilité & la douleur de ſes pechez, eſt d'y venir armez de confiance & de foy parfaite, fondée ſur ces paroles de Noſtre Seigneur ; *Ce que vous demanderez à mon Pere en mon Nom & en ma vertu, il vous l'accordera* : car en effet, nous voyons en l'Apocalypſe, que Noſtre Seigneur paroiſt deuant ſon Pere, comme vn Agneau debout, & qui ſemble eſtre mort ; ce qui ſignifie qu'il eſt touſiours deuant le Thrône de ſon Pere, reueſtu des armes de ſa Paſſion, luy demandant pour nous par ſes Diuins Myſteres, tout ce dont nous auons beſoin ; & luy diſant en ſa Priere, comme Da-

Si quid petieritis Patrem in nomine meo, dabit vobis. Ioã 16. 23. Et ecce in medio Throni Agnum ſtantem tanquam occiſum. Apoc 5. 5.

Pagination incorrecte — date incorrecte

NF Z 43-120-12

dit par vn Prophete ; *Ie vous ay aymé d'vn amour continuel.* Et quoy que nos pechez nous rendent indignes de paroistre deuant luy ; si toutesfois nous nous vnissons à Iesvs-Christ, nostre indignité est couuerte deuant son Pere, lequel sent le parfum des habits de son Fils aisné IESVS-CHRIST Nostre Seigneur, qui comme vn autre Esaü, nous couure ainsi que des Iacobs. Il faut donc aprés s'estre tenu quelque temps dans des sentimens d'humilité, entrer en IESVS-CHRIST comme nostre Priere, & s'vnir à luy comme nôtre Aduocat ; & en suite animez de cét Esprit, rendre à DIEV tous nos deuoirs, & luy demander tous nos besoins. Et pour vous

In chauitate perpetua dilexi te. Ierem. 31. 3.

Semper viuens ad interpellan. ū pro nobis. Ad Hebr. 7. 25. Aduocatum habemus apud Patrem, Iesū Christum iustum. 1. Ioā. 2. 1.

le dire en vn mot, ce que ie croy de principal en la Priere, aprés l'humilité & la douleur de ses pechez, est d'y venir armez de confiance & de foy parfaite, fondée sur ces paroles de Nostre Seigneur ; *Ce que vous demanderez à mon Pere en mon Nom & en ma vertu, il vous l'accordera* : car en effet, nous voyons en l'Apocalypse, que Nostre Seigneur paroist deuant son Pere, comme vn Agneau debout, & qui semble estre mort ; ce qui signifie qu'il est tousiours deuant le Thrône de son Pere, reuestu des armes de sa Passion, luy demandant pour nous par ses Diuins Mysteres, tout ce dont nous auons besoin ; & luy disant en sa Priere, comme Da-

Si quid petieritis Patrem in nomine meo, dabit vobis. *Ioã 16. 23.* Et ecce in medio Throni Agnum stantem tanquam occisum. *Apoc 5. 5.*

Ps. 131. 1. uid, *Memento, Domine, David & omnis mansuetudinis eius:* Mon DIEV, souuenez-vous de toute la douceur & patience que j'ay euë en ma mort, ie vous conjure par toute ma vie penitente, d'auoir pitié de mes enfans.

LEÇON II.

D. Apprenez-moy encore quelque chose sur ce sujet pour augmenter ma confiance en IESVS-CHRIST. R. Tout ce que demande IESVS-CHRIST à son Pere, tous les Saints le demandent auec luy, ainsi que ie l'appréds de l'Apocalypse, où il est dit; *I'ay ouy vne voix du Ciel, côme*

Audiui vocem de cœlo tanquam vocem

la voix de plusieurs eaux, &c. *& la voix que i'ay ouye, estoit comme le son des ioüeurs de harpes, ioüans de leurs harpes.*

D. Enseignez-moy, s'il vous plaist, ce que cela veut dire?

R. Il faut sçauoir que dans l'Escriture, les peuples sont signifiez par les eaux; & que les Saints dans leurs harmonies celeste, sont comparez aux joüeurs de harpes. Or, les Saints & les Iustes sont comme des écho, qui font entendre à Dieu la voix de Iesvs-Christ qui les remplit; si bien, que tout ce que demande Iesvs-Christ dans la priere, lors que vous priez & auec luy & en luy, toute l'Eglise du Ciel & de la Terre le

aquarum multarum, &c. Et vocē quam audiui sicut citharoedorum citharizantium in citharis suis. Apoc. 14.

Aquæ quas vidisti, &c. populi sunt. Apoc. 17. 15.

demande auec luy. Voyez si ce n'est pas là vn beau sujet de confiance, & auec quelle foy vous deuez venir à la Priere.

D. Mais puisque les Saints ne sont que des écho qui ne retentissent que de la Priere de Nostre Seigneur, il semble que nous n'auons pas besoin de nous addresser à eux, & qu'il suffit de nous addresser à Nostre Seigneur?

R. L'Eglise a intention que l'on aille chercher IESVS-CHRIST en ses Saints, & nous sommes bien plus asseurez de le trouuer dans ses Saints, par exemple, dans la Sainte Vierge, en S. Ioseph, en S. Iean, en S. Pierre, que lors que nous le cherchons immediatement, & par nous-même

Quand nous allons chercher Noſtre Seigneur en la tres-ſainte Vierge, que la ſainte Egliſe appelle noſtre Aduocate auprés de IESVS-CHRIST; nous ſommes aſſeurez, ſelon ſaint Bernard, qu'auſſi-toſt elle eſt en priere pour nous auprés de ſon Fils, qui ſe ſouuient de la puiſſance qu'il luy a donnée ſur luy-meſme en qualité de Mere, pour ne la luy oſter jamais; parce que la grace & la gloire perfectionnent la nature, & ne luy font jamais perdre ſes droicts. Auſſi-toſt la ſainte Vierge obtient que IESVS-CHRIST ſe mette en priere pour nous, & elle obtient ce que nous ne ſommes pas aſſeurez d'obtenir par nous-meſmes, car nous

Ad Patrem verebaris accedere, &c. IESVM tibi dedit mediatorem, &c. Sed forſitan & in ipſo Maieſtatem vereare Diuinā, &c. Aduocatum habere vis & ad ipſum, ad Mariam recurre, &c. Nec dubius dixerim, Exaudietur & ipſa pro reuerentia ſua. Exaudiet

sommes tres-indignes d'approcher de IESVS, & il a droit de nous rebuter par sa justice, puis qu'estant entré dans tous les sentimens de son Pere depuis sa sainte Resurrection, *nunc per omnia* DEVS, il se trouue dans les mesmes dispositions du Pere contre les pecheurs, pour les rebuter; si bien que la question & la difficulté est, de luy faire chāger sa qualité de Iuge en celle d'Auocat, & de jugeant le rēdre suppliāt; ce que font les SS. & particulieremēt la tres-Ste Vierge.

N'auez-vous pas souuent ouy ces paroles de saint Paul; *Qui mange & boit indignement* le Corps & le Sang de Nôtre Seigneur, *il mange & boit son iugement.* IESVS-CHRIST est

vtique matrem Filius, & exaudiet Filium Pater. Filioli, hæc peccatorum scala, hæc mea maxima fiducia est, hæc tota ratio spei meæ. S. Bern. serm. in Natiuit. B. Mar. de aqua du flu.

S. Ambr. de fide Resurr.

Qui mā ducat, & bibit indignè, iudicium sibi manducat & bibit. 1. ad Cor. 11. 29.

dans le saint Sacrement, ressuscité & plein de gloire : Et bien qu'il soit dans vn Sacrement de bonté & de misericorde, il y exerce toutesfois ses jugemens par des condamnations fort ordinaires, *Mors est Malis, vita bonis.* Il faut donc aller à vn Sacrement qui soit purement de misericorde, & où IESVS-CHRIST n'exerce aucun jugement; & ce Sacrement est la tres-sainte Vierge; & c'est par elle que nous auons accés auprés de IESVS-CHRIST en toute confiance. Si nos heretiques auoient compris de la sorte la priere des Saints, jamais ils n'auroient osé la condamner. Allons donc à IESVS-CHRIST par tout où il est, & dans la sainte Vierge, &

S. Bern. serm. in signum magnū.

dans les Saints ; allons auec foy à eux, que nous sçauons estre parfaitement agreables à IESVS-CHRIST, prions-les qu'ils nous donnent accés auprés de luy, & qu'ils le conjurent d'interceder pour nous auprés de son Pere ; & ainsi, châque Saint fera mesme prier toute l'Eglise, & tous les Saints par IESVS-CHRIST, qui estant touché de leurs sollicitations, remplira toute l'Eglise de son Esprit & de sa Priere.

Leçon III.

D. FAites-moy vne grace, s'il vous plaist, donnez-moy éclaircissement de ce que vous me disiez tantost ; à sçauoir, que le Saint Esprit continuoit

tinuoit d'operer toufiours dãs l'ame de IESVS-CHRIST, les fentimens qu'il y auoit vne fois commencez, & que Nôtre Seigneur portoit par tout ces mefmes operations, foit dans le cœur des Fideles, foit dans le tres-fainct Sacrement, foit dans le fein de DIEV fon Pere.

*De mi-
... in
... n Si-
n..., in
sancto.
Pf. 67. 18.*

R. Voila vne demande bien importante, & dont l'éclaircissement eft merueilleufement vtile pour faire entendre trois grandes difficultez, dont l'vne touche le fainct Sacrifice de l'Autel: l'autre regarde la fainte Communion des Fideles; & la troifiéme, la Priere mentale & vocale. Or, pour commencer à vous expliquer ce que vous defirez, il

G

faut sçauoir cette verité fondamentale, que nostre Seigneur est le chef-d'œuure de DIEV son Pere, appelé dans l'Escriture, l'Oeuure de DIEV par excellence ; *Domine opus tuum, in medio annorum viuifica illud.* Les Patriarches & les Prophetes, qui soûpiroient continuellement aprés Nostre Seigneur, l'appelloient de la sorte, & entre-autres, le grand & excellent Prophete Dauid, qui dit de luy; *Confeßio & magnificentia Opus eius*, la grande Oeuure de DIEV est IESVS-CHRIST, dont l'interieur est tout remply de confession & de reconoissance des grandeurs de son Pere, qu'il louë luy seul plus pleinement que toute l'Eglise

Habac. 3. 2.

Ps. 110. 3.

du Ciel & de la Terre, plus que tous les Saincts & les Anges, *Confessio & magnificentia Opus eius.* Noſtre Seigneur l'Ouurage de DIEV, n'eſt pas ſeulement en ſon interieur la confeſſion des loüanges de ſon Pere, mais il eſt encore le receptacle de toute la bonté & magnificence de DIEV ſur l'Egliſe; & au langage de ſainct Paul, c'eſt en luy & par luy que DIEV le Pere a verſé ſur nous ſes ſainctes benedictions, *benedixit nos in omni benedictione ſpirituali in cœleſtibus in Chriſto.* Si bien que par là vous commencez à comprendre quelque choſe de Nôtre Seigneur, & à reconnoiſtre comme il eſt le chef-d'œuure de DIEV,

Ad Eph. 1. 3

G ij

& le Sanctuaire parfaict du sainct Esprit, remply de toute la religion imaginable enuers Dieu son Pere, & de toute la charité possible enuers son Eglise. Or, ce feu que le saint Esprit a vne fois allumé, ne s'esteint iamais; & la mesme ferueur interieure qui estoit en Nostre Seigneur sur la Croix, pour se sacrifier à la gloire de Dieu son Pere, & pour operer nostre salut, continuë encore en luy dans le sainct Sacrifice de l'Autel, & continuëra jusques à la fin du monde.

Par là, on explique nettement la difficulté des heretiques, qui disent que le Sacrifice de l'Autel n'est qu'vne memoire du Sacrifice de la

Croix, à cause de ces paroles faussement & malicieusement entenduës; *faites cecy en memoire de moy*: car il faut sçauoir que c'est la mesme Hostie qui est offerte, que c'est le mesme interieur, que ce sont les mesmes dispositions de cœur, que c'est le mesme Iesvs-Christ qui est present au saint Sacrifice de l'Autel, comme sur la Croix: & ainsi, ce n'est que le mesme Sacrifice continué, & qui continuëra jusques à la fin des siecles, quoy que sous vn exterieur fort different; puisque sur la Croix Nostre Seigneur paroît versant son sang, jettant des larmes, criant à haute voix; & sur l'Autel, il paroist en silence, & il est sans marque sensible de sa nature

Hoc facite in meam commemorationem.
Luc. 22. 19.

Hoc facite in meam commemorationem.

humaine : de sorte, que ce qu'il disoit à ses Apostres ; *Faites cecy en memoire de moy,* estoit seulement pour les auertir, qu'offrans en ce Sacrifice veritable de l'Autel, sa personne cachée sous les voiles du pain, ils se souuinssent de la charité qu'il a monstrée visiblement sur le Caluaire & sur la Croix, & de la religion enuers son Pere, qu'il y a fait paroistre aux yeux de tout le monde. Or, apprenez qu'en Nostre Seigneur, aussi bien que dans le reste des Chrestiés ses membres, le principal n'est pas l'exterieur des œuures qui paroissent ; mais que ce qui doit estre le plus consideré est l'operation secrette & interieure du sainct Esprit, qui est l'autheur & le principe de toutes les bonnes œuures ; & que c'est aussi en quoy DIEV se cō-plaist dauantage. Et comme cét auguste interieur de IE-SVS-CHRIST est le mesme sur la Croix & sur le saint Autel, sous les voiles du pain & sous les voiles de la chair; c'est encore là ce que nous deuons le plus estimer & honorer dãs le Sacrifice de Nostre Seigneur, qui a commencé sur la Croix, & qui continuë sur les saints Autels.

D. Ie vous ay bien de l'obligation, de m'auoir expliqué cette difficulté sur le saint Sacrifice : ie tascherai auec l'ayde de Nostre Seigneur d'estudier bien cette leçon deuant DIEV, pour en faire mō profit;

sur tout, quand j'entendray la sainte Messe, me ressouuenant de la Mort & Passion de Notre Seigneur, & des témoignages visibles qu'il nous y a rendus de son amour, en mesme temps que ce mesme Seigneur est là present remply de charité pour nous ; ce qui me semble me deuoir exciter puissamment à seruir ce grand Maistre, & à souffrir toutes choses pour son amour. Mais, est-ce là tout le fruit que vous pretendez que ie retire de cette leçon ?

R. C'est assez pour cette heure, ie suis bien aise que Dieu vous ouure l'esprit, pour vous faire comprendre les veritez Chrestiennes, & le profit qu'il en faut tirer.

Leçon IV.

D. SI j'ofois, ie vous demanderois encore qu'il vous pleût de m'éclaircir la feconde difficulté qui eft fur la fainte Communion, dont vous m'auez parlé dans la leçon precedente; pource que j'ay l'honneur d'approcher fouuent de la fainte Table, par l'auis de mon Confeffeur?

R. Ie le veux bien, parce qu'il n'y a rien que ie fçache eftre vtile à vne ame, que de tout mon cœur ie ne veüille vous declarer. Cette difficulté eft à prefent fort commune, & elle ne fe répand que trop pour inquieter les efprits dans la deuotion qu'ils ont de communier souuent : car plusieurs bonnes ames, que Nostre Seigneur reçoit à la Sainte Communion de son Corps & de son Sang, sont souuent attirées à communier pour le soulagement des ames du Purgatoire, ou pour le soulagement des infirmitez de leurs freres, & aussi pour demander à Dieu plus efficacement quelque grace importãte à leurs ames, au bien du prochain, & à la santification de l'Eglise. Et neantmoins, il se trouue des personnes qui condamnent ces intentions, disans, l'adoration & la foy d'vne ame qui communie, est-ce vne si grande œuure ? sa cõmunion peut-elle soulager les ames du Purgatoire, peut elle attirer benediction sur toute l'Eglise?

Cette difficulté ne vient que du pur défaut d'entēdre la valeur & le merite extréme de la sainte Communion des Fidelles. Or, sçachez ces belles paroles de Nostre Seigneur, qui portent vne grande instruction auec elles, *Qui mange ma Chair & boit mon Sang, demeure en moy, & moy en luy.* Voila des paroles d'vne grande consolation pour toute l'Eglise, & pour chaque particulier qui communie. Elles expliquent bien les intentions principales de Nostre Seigneur dans son banquet nuptial où il festine l'ame, & la traite comme son Espouse, témoignant qu'il entre par la sainte Communion dans toutes les intentions de

Qui manducat mea:n carnē:m, & bibit meum sanguinē in me manet & ego in illo Ioa. 6. 57

son Espouse; comme aussi elle de son costé, entre dans toutes celles de Iesvs-Christ son Espoux. C'est là le poinct parfait du Mariage de Nostre Seigneur auec l'ame, où il se fait parfaitement vn auec elle, & où il l'a fait estre vne méme chose auec luy ; de mesme qu'il est Vn auec son Pere, & que son Pere est Vn auec luy.

Cela supposé, lors qu'vne ame communie au Corps & au Sang de Iesvs-Christ, elle entre dés ce moment dans tous les desseins & intentions de Nostre Seigneur, & elle vse de Iesvs-Christ comme d'vne chose sienne: si bien que communiant auec intention de soulager vne ame du Purgatoire ou auec dessein

pour la vie interieure. 157

d'attirer benediction sur toute l'Eglise, elle a droit en vertu de ce sainct Mariage, d'employer toutes les prieres de Iesvs-Christ, & son zele, sa ferueur, ses merites, & ses souffrances, pour l'accomplissement de son dessein ; elle a droit & pouuoir de faire tourner les prieres de Iesvs-Christ du costé qu'il luy plaist, & de luy faire demander tout ce qu'elle veut pour le bien de l'Eglise ; de sorte que ce qu'elle seroit honteuse de demander par elle mesme, n'estant pas digne d'obtenir la moindre chose ; quand elle vient à le demander par Iesvs-Christ, elle voit que c'est trop peu de chose pour ne le pas obtenir

Ne voyez-vous pas bien que celuy *qui a esté exaucé* de son pere *pour sa reuerence*, pendant qu'il viuoit sur la terre est le mesme qui prie dans l'ame; & que ce qu'il demande sur la terre aussi bien que dans le sein de son pere, il l'obtient en consideration des grandeurs de sa personne & de sa nature diuine, & par les merites infinis de ses prieres, de ses souffrances, & de ses larmes, qu'il tient tousiours presentes à DIEV, comme dit l'Apôtre, *Apparet vultui* DEI *pro nobis*, il se tient tousiours present aux yeux de DIEV le Pere pour nos intentions; & comme le dit encore ailleurs saint Paul, *Semper viuens ad interpellandum pro nobis*; Il est

Marginalia:
Qui in diebus carnis suæ &c. Exauditus est pro sua reuerentia. Ad Hebr. 5. 7.

1. Ad Hebr. 9. 24.

Ad Hebr. 7. 25.

toufiours viuant pour prier pour nous. IESVS-CHRIST a voulu furuiure à luy-mefme comme Ifaac, & viure apres fa mort & fon sainct Sacrifice, afin d'interceder toufiours pour nous, & pour tous nos befoins.

Le cœur d'vne ame qui communie eft vn Temple, c'eft vn Autel, c'eft vne image du fein de DIEV le Pere; & dans ce cœur IESVS-CHRIST Noftre Seigneur s'offre à DIEV comme fur le Caluaire, & continuë fes mefmes fentimens & les mefmes prieres qu'il faifoit en mourant.

LEÇON V.

D. JE ne sçaurois exprimer les sentimens d'estime & de respect, que DIEV me donne pour le tres-saint Sacrement de l'Autel, en suite de ce que vous m'auez enseigné, Que c'est vn grād thresor que de porter en soy Nostre Seigneur IESVS-CHRIST, remply de la Diuinité de son Pere, & de tous les thresors de sa sagesse, & de sa science Diuine?

R. Il est bien vray, & c'est pourquoy sainct Paul dit que nous portons des thresors dās des vases d'argille. C'est là cét excés de charité, par laquelle, comme parle le mesme Apo-

<small>Habemus thesaurum in vasis fictilibus 2 ad Cor. 4. 7. Propter nimiam</small>

tre, Dieu nous a voulu montrer l'abondance des richesses de sa grace, en nous donnant son fils, le Caractere de sa substáce, & la splēdeur de sa gloire & de sa beauté, qui est cette hostie admirable de loüange, & la source de la vie diuine & de tout le merite de l'Eglise.

Ie vous veux encore apprendre vn beau secret pour augmenter vostre amour enuers Dieu ; c'est qu'il nous a donné son Fils pour habiter en nous, non seulement dans le temps que nous communions à son Corps & à son Sang, mais encore dans tous les momens de nostre vie.

D. Que dites-vous là ? Nôtre Seigneur habite-t'il en nous autrement que par la

charitatem, qua dilexit nos, & cum essemus mortui peccatis, cōuiuificauit nos in Christo, &c. Vt ostenderet in sæculis superuenientibus abūdantes diuitias gratiæ, suæ in bonitate super nos in Christo IESV. Ad Ephe. 1 4 & 7. Splendor gloriæ, & figura substantiæ eius. Ad Hebr. 1. 3.

tres-sainte Communion?

R. Ouy, & c'est icy la troisiéme difficulté qui touche la Priere, comme ie vous ay dit tantost, & dont l'explication que ie va vous donner, seruira de fondement pour éclaircir ce que j'ay à vous dire de l'Oraison. Or, que Nostre Seigneur habite en nous autrement que par la saincte Communion ; ce n'est pas moy qui vous le dis, c'est saint Paul par ces paroles, *Christum habitare per fidem in cordibus vestris.* IESVS-CHRIST habite en nos ames, y operant la vie Diuine, qui est toute comprise sous le nom de foy. Il n'habite pas seulement en nous comme Verbe par son immensité, pour operer les œu-

Ad Eph. 3. 17.

pour la vie interieure. 163
ures de la nature, & pour nous donner la vie humaine; mais il habite auſſi en nous comme CHRIST par ſa grace, pour nous rendre participans de ſon Onction, & de ſa vie Diuine.

D. Si cela eſt ainſi, nous pouuons donc ſouuent communier à la grace de Noſtre Seigneur IESVS-CHRIST?
R. Ouy.

D. Il ne ſeroit donc pas beſoin de nous approcher du ſain Sacrement de l'Autel, puiſque nous portons toûjours IESVS-CHRIST en nous, & que nous pouuons ſi ſouuent cōmunier à ſa grace?
R. Vous m'excuſerez, quoy que noſtre Seigneur ſoit en nos cœurs pour y répandre à tous momens les graces de ſa

vie diuine; cela ne nous doit pas empefcher d'approcher du faint Sacrement, car ce Sacrement nous donne des graces fpeciales & plus abondantes, que celles que nous receuons hors de ce Sacrement, par la feule Communion fpirituelle. Les graces qui fe donnent par le Sacrement, fe donnent felon la mefure de la grãde charité de DIEV, dont les abyfmes font infinis: mais ce que nous receuons iournellement par l'Oraifon & par les foûpirs de noftre cœur, fe donne à proportion de la mortification du vieil homme, & de la fidelité que nous auons à renoncer à nous-mefmes, & à toutes les recherches fecrettes de la nature, cela dépend en-

pour la vie interieure.

core des sentimens de foy, de charité, d'humilité, & d'autres dispositions particulieres, dont nous vous parlerons ailleurs: Et comme l'infidelité de la creature y est souuent mélée ; les communications de Iesvs-Christ, & les communions à sa vie interieure, sont aussi fort rares & fort foibles ; la creature gaste tout, & empêche les grands desseins de Dieu sur nous.

Que ie souhaiterois que les Chrestiens connussent leur bon-heur, sçachans qu'ils ont en eux le thresor precieux de Iesvs, dans lequel & auec lequel ils peuuent operer tant de choses à la gloire de Dieu ; faisons vne continuelle attention à céte grande verité, que

IESVS-CHRIST est en nous pour nous sanctifier, & en nous-mesme, & en nos œuures, & pour remplir de luy toutes nos facultez : il veut estre la lumiere de nos esprits, l'amour & la ferueur de nos cœurs, la force & la vertu de toutes nos puissances ; afin qu'en luy nous puissions connoistre, aymer, & accomplir les volontez de DIEV son Pere, soit pour agir à son honneur, soit pour souffrir & endurer toutes choses à sa gloire.

Leçon VI.

D. JE desirerois bien de jouyr du bon-heur &

pour la vie interieure. 167

de l'auantage dont vous m'a-
uez parlé, & pour cela ie
vous supplie de m'enseigner
à communier souuent en esprit pendant le iour, & à bien
vser d'vne si sainte pratique?
R. Ie le veux bien, & ie le feray en peu de mots, apres vous
auoir fait remarquer que Nôtre Seigneur Iesvs-Christ
parlant à ses Disciples, leur
disoit; Que sa viande & sa
nourriture spirituelle estoit
de faire la volonté de Dieu
son Pere, & qu'il operoit toutes choses auec son Pere, & *Ioa.5.17.*
en la vertu de son Pere. *Pater*
meus vsque modo operatur, &
ego operor: mon Pere, dit-il,
fait toutes les œuures en
moy & auec moy; & aussi ie
fais tout en luy & auec luy,

& les operations de mon Pere font ma nourriture. Or, apprenons de là que, comme IESVS-CHRIST operoit tout en son pere & auec son Pere, il faut aussi que nous operions tout en Nostre Seigneur & auec Nostre Seigneur ; parce qu'il est venu habiter en nous pour nous viuifier de sa vertu, pour nous remplir d'vne grace capable de nous sanctifier en tout, pour rendre toutes nos œuures agreables à DIEV son Pere, & afin que se répandant en nous il serue de nourriture à nos ames.

D. Mais comment est-ce que cela se fait ? ie ne l'entends pas?

R. Ne vous en estonnez pas, nôtre Seigneur a preuenu vos plaintes

Meus cibus est vt faciam voluntatem eius qui misit me, vt perficiã opus eius Ioa. 4. 34

plaintes & vos soûpirs, quand il a dit à ses Disciples: *In illo die* _{Io.1 14.20} *vos cognoscetis, quia ego sum in Patre meo, & vos in me, & ego in vobis.* Vous connoistrez au iour du Iugement, que de mesme que DIEV mon Pere est en moy, & que ie suis en luy, ie suis en vous, & vous en moy : & comme mon Pere demeurant en moy fait mes œuures : *Pater in me manens ip-* _{Ibid. 10.} *se facit opera* : ainsi demeurant en vous, ie feray vos œuures, & vous ferez les miennes, comme ie fais celles de mon Pere.

D. Si cela est ainsi, & que cotte connoissance soit remise au iour du Iugement, dequoy me peut-elle seruir, pour me faire operer maintenant

H

en IESVS-CHRIST ?

R. Quoy que vous ne le connoissiez pas distinctement, & que vous ne le compreniez pas, il est neantmoins bien-aisé à la foy de vous le faire faire. C'est assez de croire, il ne faut pas voir ny connoistre clairement. N'est-il pas vray qu'il vous suffit de croire les Mysteres que la Foy vous enseigne, sans les voir. Contentez-vous aussi de sçauoir, que la Foy vous ordonne d'operer en IESVS-CHRIST & auec IESVS-CHRIST. L'Eglise le dit tous les iours à la sainte Messe : *Tout honneur & toute gloire soit renduë à* DIEV *le Pere par* IESVS-CHRIST, *auec* IESVS CHRIST, *& en* IESVS-CHRIST ; c'est assez de

Per ipsū, & cum ipso, & in ipso, est tibi DEO *patri omnipotenti, in vnitate Spiritus sancti, omnis honor & gloria.*

le croire, sans le vouloir comprendre.

D. Ie vous prie donc de m'enseigner comment il faut operer en noſtre Seigneur & auec noſtre Seigneur, puiſque c'eſt vn moyen que la Foy me donne pour agir chreſtiennement?

R. Ie ſuis tres-aiſe de ce que vous vous attachez à cette inſtruction ; auſſi eſt-elle tres-importante : & ſi ie vois que vous pratiquiez la leçon que ie va vous donner, qui ſera courte & en deux mots, & que vous pourrez appliquer à toutes vos œuures ; ie vous donneray vn petit Exercice Chrétien ſur toutes les actions de la iournée, où vous verrez diuerſes intentions d'eſprit

H ij

& dispositions de cœur, dans lesquelles vous pourrez faire toutes vos actions, afin de les faire chrestiennement. C'est en ce poinct que consiste toute la perfection, d'operer toutes les œuures à la gloire de DIEV en nostre Seigneur, & auec nostre Seigneur; & c'est ce que S. Paul appelle viure à DIEV en IESVS-CHRIST.

D. En attendant, donnez-moy, ie vous prie, ce petit mot d'instruction que vous me promettez?

R. Le voicy; nous auons desia dit, selon S. Paul, que IESVS-CHRIST habite en nous par la Foy; qu'il y opere, & qu'il veut que nous nous seruions de la Foy pour recourir à luy, & nous vnir à luy, afin d'ope-

Viuentes DEO in Chisto IESV D M.
Ad Rom. 6. 11.

rer tout en luy & auec luy, & que nous ne faſſions point les actions en nous-meſmes & pour nous-meſmes; parce que tout ce qui eſt en nous qui n'eſt point de Iesvs-Chr. ne porte point à Dieu : nos intentions & nos penſées tendent au peché, par la corruption de nôtre nature,& ſi nous venons à agir en nous-meſmes, & à ſuiure la pente de nos ſentimés, nous opererons en peché. Vous voyez par là, combien il faut eſtre ſoigneux au commencement de vos œuures de rehôcer à tous vos ſentimens, à tous vos deſirs, à toutes vos propres penſées, à toutes vos volontez, pour entrer, ſelon S. Paul, dans les ſentimens & les intentions de Iesvs-Christ,

Ad Phil. 2.5. Hoc sentite in vobis quod & in Christo IESV: ayez en vous, dit cét Apostre, les mesmes sentimens de IESVS-CHRIST pour viure en toute pieté & religion enuers DIEV, en toute iustice enuers le prochain, en toute *Abnegantes impietatem & sæcularia desideria, sobrie, & iuste, & pie viuamus in hoc sæculo. Ad Tit. 2. 12.* saincteté enuers vous-mesmes, & sobrieté enuers la creature: & c'est ce que le Fils de DIEV auoit dit en deux mots à ses *Matt. 16. 24.* Disciples: *Si quis vult post me venire, abneget semetipsum, &c. & sequatur me:* Si quelqu'vn desire de me suiure pour viure chrétiennement, qu'il renonce à tout soy-mesme en toutes ses actions, & qu'il adhere à mon Esprit pour operer en sa vertu à la gloire de DIEV mon Pere.

Leçon VII.

D. Je vous supplie de me faciliter la pratique que vous m'auez donnée en la leçon precedente, & de l'appliquer à quelque action de la iournée ; car i'ay besoin d'estre instruit sur les choses spirituelles.

R. Tres-volontiers ; & d'autant plus que vous auez enuie de pratiquer ce que l'on vous enseigne. Or, ie le feray sur le sujet mesme de la Priere, qui est la matiere de toutes ces leçons, pour acheuer de vous esclaircir la troisiéme difficulté que nous auons tantôt proposée, & cómencé à resoudre: aussi bié on ne sçauroit assés parler de l'Oraison, puis qu'elle est l'action la plus importante de toute la vie des Chrestiens.

Quand donc vous voudrez commencer vostre Oraison, la premiere chose qu'il faut faire, est de renoncer à vous-mesme, & à vos propres intentions.

D. Pourquoy renoncer à mes propres intentions quand ie va prier ? La priere n'est-elle pas vne bonne œuure ?

R. Sçachez que tout ce que fait la creature par elle-mesme, est remply d'amour propre, & d'orgueil secret. Par exemple, en ce sujet dont nous parlons, combien y a-t-il de personnes qui vont à la priere, afin de demander à Dieu la santé, le gain d'vn procez,

pour la vie interieure. 177
des richesses, des honneurs, & le tout est souuent pour goûter les voluptez du monde, pour satisfaire à leur ambition, & pour se vanger de leurs ennemis ? En tout cela, il n'y a rien pour Dieu, ny pour le bien de l'ame ; toutes ces intentions tendent au peché, & à la satisfaction de l'amour propre. Vous voyez donc bien comme il faut renoncer à soy-mesme & aux intentions malignes & secrettes qui se rencontrent dans les bonnes œuures.

D. Comment donc faudra-t-il faire ?

R. Vous mettant à genoux, tout couuert de confusion de vostre malice interieure; vous direz d'abord, selon le conseil

de Noſtre Seigneur IESVS-
CHRIST : Mon DIEV, &
mon Tout, ie renonce à moy-
meſme, & aux inclinations de
peché dont ie ſuis tout remply ; ie vois bien que ie ne
puis vous prier en moy-meſme, ny par moy-meſme : ie
deteſte de tout mon cœur,
tout ce qui vous peut déplaire
en moy : & pour couurir mon
iniquité & ma malice, & auoir
quelque accés auprés de vôtre
Diuine Majeſté ; ie me donne
à IESVS CHRIST vôtre Fils
qui habite en moy, & qui
eſt la priere & la loüange de
toute voſtre Egliſe, *laus mea tu es.*

Ier. 17. 14.

Le Prophete Dauid qui auoit
ces meſmes ſentimens & ces
meſmes diſpoſitions, ſe liuroit

à l'Esprit de IESVS, qui regnoit en luy, afin de s'acquitter de sa priere en cét Esprit Diuin, qui luy estoit donné par auance. C'est pourquoy il disoit à DIEV dans vn de ses Pseaumes ; vous auez vne loüange estenduë par toute l'Eglise de la terre, & qui est égale à vous. Or, cette loüange n'est autre que IESVS-CHRIST, qui represente & qui dit en soy tout ce qu'est DIEV son Pere, & qui luy rend aussi vne gloire égale à luy-mesme : *Secundùm nomen tuum, sic & laus tua.* O que le Chrestien est heureux, d'auoir ainsi dans les mains dequoy donner à DIEV vne gloire qui luy est égale, & qui cóprend toutes ses loüanges!

Secundū nomen tuum, sic & laus tua in finés terræ. Ps. 47. 11.

H vj

Et ce même Prophete parlant ailleurs dans son langage Prophetique & plein de figures, de l'Oraison de l'Eglise, descrit cette mesme Eglise comme vn chariot qui porte des milliers de Chrestiens, qui louënt Dieu & se resiouÿssent en sa presence : Et adjouste, que l'Esprit de Nostre Seigneur IESVS-CHRIST est au milieu d'eux pour estre leur Cantique, *Currus* DEI *decem millibus multiplex, millia lætantium : Dominus in eis in Sina in Sancto.* Ce mesme IESVS qui louë en eux, celuy-là mesme est dans le sein de DIEV, & dans le saint Sacrement, où il rend tous les deuoirs imaginables de respect & d'honneur à sa Diuine Majesté, &

Ps. 67. 18.

où il est encore appliqué à la priere de l'Eglise, pour demander les besoins & les necessitez d'vn chacun.

Leçon VIII.

D. Aprés auoir renoncé à moy-mesme, & purifié mon cœur au commencement de l'Oraison, & aprés m'estre vny en esprit à nostre Seigneur, que faut-il que ie fasse?

R. Vous auez deux choses à faire, comme nous l'enseigne l'Oraison Dominicale, & que nous vous expliquerons plus amplement ailleurs. La premiere est d'adorer, de loüer, & de glorifier Dieu. La seconde est, de luy demander nos besoins.

D. Sont-ce là les deux parties de l'Oraison ?

R. Ouy; la premiere s'appelle l'Adoration : la seconde, la Communion.

D. Pourquoy commencez-vous par l'Adoration ?

R. Premierement, parce que des deux fins qu'à l'Oraison, la premiere & principale est d'honorer & de glorifier DIEV.

Secondement, parce que la saincte Eglise le pratique ainsi au commencement de ses prieres publiques, disant: *Venite adoremus, & procidamus ante* DEVM : Venez, adorons, & prosternons-nous deuant DIEV.

D. Pourquoy appellez-vous cette premiere partie, *Adoration*.

R. Parce que le mot *Adoration* dans l'Escriture Sainte, est pris souuent pour celuy de religion, qui signifie vne vertu Chrestienne, laquelle porte l'ame à l'aneantissement, à l'admiration, aux loüanges, aux remercimens, à l'amour, en vn mot, à toute sorte de deuoirs & d'hommages que nous deuons rendre à DIEV en cette premiere partie de l'Oraison.

D. Pourquoy appellez-vous la seconde partie, *Communion*?

R. Parce qu'en cette partie on se donne à DIEV pour

entrer en participation de ce qu'il est, & dont il veut nous animer. Or, la participation & la communication que DIEV donne de ses dons & de ses perfections, est appellée proprement *Communion*, & sur tout par les Peres Grecs, parce que par elle DIEV nous rend ses richesses communes. La participation au Corps de IESVS-CHRIST, s'appelle Communion Sacramentale ; parce que ce Sacrement nous rend les biens de IESVS-CHRIST communs, & nous communique ses plus grands dons. La participation qui se fait dans l'Oraison, s'appelle Communion Spirituelle, à cause des dons que DIEV y communique, par la seule operation intime de son Esprit. L'ame, qui experimente quelque operation secrette en son cœur, se doit tenir en repos & en silence, pour receuoir toute l'étenduë des dons & des communications de DIEV, sans vouloir operer par soy-mesme, ny faire des efforts qui troubleroient les operations pures & saintes de l'Esprit Diuin en elle.

D. N'y a-t-il que ces deux parties dans l'Oraison ?

R. On y ajouste vne troisiéme partie, que les vns appellent les resolutions, & qu'on peut nommer plus proprement la cooperation, qui est le fruit de l'Oraison, & qui s'étend à toute la iournée.

D. Vous plairoit-il de m'expliquer que veut dire *Coopération*, & en quoy elle consiste?

R. Aprés s'estre exercé dans la seconde partie de l'Oraison, en vn desir parfait d'imiter nôtre Seigneur, sur ce que l'on a adoré en luy en la premiere; & aprés luy en auoir plusieurs fois demandé la grace, & s'estre tenu long-temps en sa presence, comme vn pauure mendiant, qui ne se lasse iamais de faire connoître ses besoins, & de tendre la main vers ceux qui peuuent le secourir: La troisiéme partie consiste à correspondre & cooperer fidelement à la grace qu'on aura receuë, faisant de bons propos, preuoyant les occasions que l'on aura de les executer dans la iournée, & s'abandonnant parfaictement à la vertu de l'Esprit de Nostre Seigneur IESVS-CHRIST, pour luy obeyr non seulement dans le iour present, mais encore dans la suite de sa vie.

D. Quelle difference mettez-vous entre la cooperation & les resolutions?

R. C'est la mesme chose; mais ce mot de cooperation marque plus expressément la vertu du saint Esprit, duquel nous dépendons bien plus dans les bonnes œuures, que de nostre volonté, qui ne pourroit rien, si elle n'estoit émeuë & fortifiée de la vertu du saint Esprit; & au contraire, le mot de resolution, marque plus expressément la determination de nostre volonté, & semble moins donner à la vertu & au pouuoir efficace de l'Esprit; à qui pourtant il faut demeurer tout abandonné, afin qu'en suite il agisse en nous dans les occasions, qu'il nous fasse souuenir de ses desseins, & qu'il nous donne l'amour & la force de les accomplir. Si bien que l'on doit conclure l'Oraison par vn delaissement, & par vn abandon total de soy-mesme au saint Esprit, qui sera nostre lumiere, nostre amour & nostre vertu.

Leçon IX.

D. J'Ay bien retenu ce que vous m'auez enseigné dans la leçon precedente; que les deux choses à faire dans la Priere, sont d'adorer & de glorifier Dieu, & en suite de luy demander nos besoins. Mais i'ay là dessus quelques difficultez à vous proposer : car comment pourrois-ie glorifier Dieu en mon ame, moy qui ne le connois pas?

De plus, ie ne connois pas méme les choses qu'il me faut demander à Dieu pour le bien de mon ame.

R. Vous dites bien; & ce sont là les raisons pour lesquelles Nostre Seigneur s'est voulu faire la Priere de son Eglise en general & en particulier. Il dit luy-mesme que *personne ne connoist le Pere, sinon le Fils*: cela manifeste le peu de connoissance que nous auons de DIEV. Saint Paul dit d'vn autre costé: *Quid oremus, sicut oportet, nescimus*: nous ne sçaurions connoistre ce qui nous est bon, & ce que nous deuons demander. Et non seulement vostre ignorance de DIEV & de vos besoins, vous empesche de prier; mais de plus, vous manquez de force & de vertu pour pouuoir demander en vous. Or, saint Paul vous apprend que l'Esprit de IESVS-CHRIST doit estre le supplément de vostre ignorance & de vostre infirmité.

Neque Patrem quis nouit nisi Filius. Matt. II. 27.

Ad Rom. 8. 16.

L'Esprit de DIEV, dit-il, soûlage nostre foiblesse, car nous ne sçauons pas ce que nous deuons demander, ny la maniere de le demander: mais c'est l'Esprit mesme qui demande pour nous, auec des gemissemens que nous ne sçaurions exprimer: Or, celuy qui sonde les cœurs, connoist ce que l'Esprit desire, & qu'il prie selon DIEV pour les Saints. Ainsi, vous n'auez qu'à vous vnir à cét Esprit Diuin de IESVS-CHRIST: & Nostre Seigneur, qui vit en vous, suppléera à tout ce qui vous manque, puis qu'il y vient habiter pour ce dessein.

Spiritus adiuuat infirmitatem nostrā, nam quid oremus, sicut oportet, nescimus sed ipse spiritus postulat pro nobis gemitibus inenarrabilibus: qui autem scrutatur corda scit quid desideret spiritus, quia secundum DEVM postulat pro Sanctis. Ad Rom. 8. 16. & 17.

D. Le moyen de s'vnir au S. Esprit de IESVS-CHRIST?

R. Le saint Esprit de IESVS est en vous, comme Espoux de vostre ame, qui n'attend que vos desirs & vostre volonté : donnez-vous donc à luy, pour prier par luy & en luy, il sera vostre priere. Nostre Seigneur en qualité de Mediateur de religion, est priere publique pour luy & pour toute l'Eglise ; mais l'Eglise ne prie pas en luy, si elle ne se lie à luy : il faut qu'elle fasse ce pas en la grace de IESVS-CHRIST, & qu'elle se donne au saint Esprit de IESVS comme l'Esprit Saint de IESVS se donne à elle. Dans le mariage Spirituel, il faut vn don & vn consentement mutuel des esprits: IESVS en l'ame, l'ame en IESVS, tous deux font la priere, qui est le fruict principal de l'alliance du S. Esprit de IESVS auec nos ames : si bien que

Charitas DEI diffusa est in cordibus nostris per Spiritum sanctum, qui datus est nobis. Ad Rom. 5.5.

que nos prieres sont comme les enfans de ce mariage spirituel: & si vous demandez à qui est la Priere, c'est à l'ame en IESVS, & à IESVS en l'ame; & d'en vouloir sçauoir dauantage, c'est vouloir violer le secret de IESVS-CHRIST en nous, & vouloir penetrer dans vn Mystere qu'il veut tenir caché, aussi bien que celuy des operations du Pere dans le Fils, & du Fils dans le Pere. A qui appartiennent les œuures de IESVS, est-ce au Pere, ou au Fils ? Elles sont, & du Pere, & du Fils; & DIEV ne veut pas que la creature y cherche de distinction : c'est assez de sçauoir que IESVS les fait en son Pere, & le Pere en IESVS, & auec IESVS.

D. Permettez-moy que ie vous interrompe. Vous m'auez dit là vn mot que ie n'auois iamais ouy dire, que noſtre Seigneur eſtoit Mediateur de Religion?

R. Il eſt vray que, comme l'on dit ordinairement, Nôtre Seigneur eſt le Mediateur de noſtre Redemption, parce qu'il a offert ſon Sang à DIEV le Pere par le ſaint Eſprit, pour noſtre ſalut, & qu'il a donné ſa vie pour la noſtre, qui n'étoit pas capable de nous rachepter; & ainſi il a eſté le ſupplément de noſtre principale debte, ſatisfaiſant à DIEV pour nos pechez, par ſa mort, qui ſeule eſtoit capable de ſatisfaire à la iuſtice de DIEV. Mais ce n'eſtoit pas aſſez, nous estions reliquataires à Dieu d'vn million de deuoirs religieux que nous estions incapables de luy rendre par nous-mesmes; comme de l'adorer, de l'aymer, de le loüer, & de le prier, ainsi qu'il le merite, & que nous y sommes obligez, *Magnus Dominus, & laudabilis nimis* : Nous auions besoin que le grand Maistre par sa charité, seruist encore de supplément à nos deuoirs, & qu'il fut le Mediateur de nôtre Religion : & pour cela, il a voulu reuiure aprés sa mort, & estre tousiours viuant *ad interpellandum pro nobis*, dit saint Paul; c'est à dire, pour loüer & prier son Pere en nostre place, & à nostre défaut. Iesvs-Christ a fait cela dans la

Ps. 95. 1.
& 47. 2.
& 144. 3.

Loy, il le fait dans l'Eglise, & il le fera encore dans le Ciel, IE-SVS-CHRIST *heri, & hodie, ipſe & in ſæcula:* IESVS-CHRIST, dit l'Apoſtre, eſtoit *hier*, il eſt encore *auiourd'huy*, & il ſera *dans tous les ſiecles*. Par ce mot, *hier*, il entend la Loy, *Mille anni tanquam dies heſterna quæ præterijt* : les ſiecles de la Loy ne ſont que comme vn iour paſſé. *Auiourd'huy*, c'eſt le temps de l'Egliſe preſente. Et *dans tous les ſiecles*, c'eſt l'Eternité, dans laquelle IESVS-CHRIST ſera le ſupplément des creatures, & le Mediateur de noſtre Religion.

Ad Hebr. 13.8.

Pſal. 14. 4.

Leçon X.

D. LA dernière instruction que vous m'auez donnée, m'inuite bien à m'vnir à Noſtre Seigneur IESVS-CHRIST, ſçachant qu'il le deſire, qu'il eſt en nous pour ce ſujet, & qu'il n'attend que nôtre conſentement & nôtre recherche. Nous ſerions bien mal-heureux, ſi reſſentans la charité qui nous attire à luy dans le fond de nos cœurs, nous ne nous y laiſſions aller, & ſi nous n'y répondions pas: Et ie croy que c'eſt pour cela, qu'il y a des Saints qui ont moins apprehendé les Iugemens de DIEV pour leurs pechez, que pour leurs infi-

delitez aux attraits de la grace, ayans ainsi contristé si souuent le saint Esprit, & priué
DIEV de beaucoup d'hon-
neur qui luy estoit deû, & que
le saint Esprit pretendoit de
luy faire rendre en nous & par
nous. Et c'est peut-estre encore pour cela, que sainte Ca-
therine de Sienne s'accusoit
des pechez de tout le monde,
& disoit que par ses infidelitez
à la grace, & à faute d'auoir
obey au saint Esprit, qui l'ap-
peloit souuent à la loüange &
à la priere, & qui eust operé
en elle beaucoup de sacrez
mouuemens, capables d'ap-
paiser DIEV, & d'attirer sur
les pecheurs sa misericorde,
& en suite la visite de ses graces efficaces & triomphantes,

elle auoit priué le monde de beaucoup de secours. Ie suis tout confus en vous disant cecy ; car i'ay bien sujet de demander vn million de pardons pour mes infidelitez, & ie vous prie de le demander aussi à Dieu pour moy, & d'appaiser ses iugemens que i'apprehende beaucoup?

R. Ie louë Dieu, de ce qu'il vous donne des sentimens si chrestiens & si conformes à ceux qu'il a donnez à ses Saincts : & pour vous confirmer dauantage en cette verité, qui vous les a fait naistre, que nostre Seigneur n'est pas seulement Mediateur de Redemption, mais aussi de Religion : l'adjousteray que nous en auons vne figure dans le

Prestre de l'ancienne Loy, qui entroit dans le *Saint des Saints*, portant le sang des hosties immolées, & vn encensoir fumant, qui representoit les enfans de l'Eglise en leurs prieres, figurez par les grains d'encens, qui estoient consumez par le feu, comme nos cœurs le sont par l'amour & par la charité de Iesvs-Christ nostre Consommateur. Vous voyez par là la resolution d'vne difficulté des heretiques, qui se mocquent du commun du peuple, & des saintes Religieuses de l'Eglise, qui chantent en Latin, comme s'ils psalmodioient sans fruit, dans vn langage qu'ils n'entendent pas : car l'ame allant à la priere, n'a autre chose à faire qu'à s'vnir à Iesvs-Christ, qui est la priere & la loüange de toute l'Eglise : si bien que l'ame estant vnie à Nostre Seigneur, & consentant de cœur à toute la loüange qu'il rend à son Pere, & à toutes les demandes qu'il luy fait, elle n'est pas sans fruit ; au contraire, elle fait bien dauantage que si elle prioit en son esprit propre, & qu'elle voulut se mesler d'adorer, d'aymer, de loüer & de prier Dieu par elle-mesme & par ses propres actes. L'ame par cette vnion, deuient plus estenduë que la mer, elle deuient estenduë comme l'ame & comme l'Esprit de Iesvs-Christ, qui prie dans toute l'Eglise : & c'est le genre de priere qui se pratique au Ciel, ainsi qu'on voit dans l'Apocalypse, où les Saints ne font que dire, *Amen*, aux prieres de l'Agneau ; ce qui exprime l'vnion de leurs cœurs à Iesus-Christ leur priere ; & que confessans leur incapacité pour louër Dieu en eux-mesmes, ils se perdent en Iesus-Christ, pour dire à Dieu tout ce que Iesus-Christ luy dit, & en mesme temps tout ce que dit l'Eglise en luy. C'est à quoy aussi nous attiroit le Prophete Dauid, quand il disoit, *Magnificate Dominum mecum, & exaltemus nomen eius in idipsum* : Venez, magnifions le Seigneur, & exaltons-le tous en la mesme priere. Il faut donc faire comme les Enfans de la fournaise, qui

magnifioient DIEV par vn *laudabant*
mefme efprit, vne mefme vo- *& glorifi-*
lonté, & vn mefme cœur, & *cabant &*
auecque les mefmes difpofi- *benedi-*
tions & intentions de l'Efprit *DEVM.*
de IESVS-CHRIST; car ce *Dan. 3. 51.*
quatriéme qui parut auec eux
dans le feu, eft dit, *femblable au* *Dan. 3. 92.*
Fils de DIEV: *Similis Filio Dei.*

❊○❊○❊○❊ ❊○❊○❊○:❊ ❊○❊○

LEÇON XI.

D. JE fuis bien conuaincu
qu'il eft neceffaire de recourir à noftre Seigneur IE-
SVS-CHRIST, pour faire
quelque priere qui puiffe eftre
agreable à DIEV, & que cette
priere eft mille fois plus ad-
uantageufe & plus forte, que
fi ie la faifois moy feul. Et ie

I vj

vois bien qu'il n'importe pas en quelle lãgue on prie, pourueu que l'on soit vny à nostre Seigneur IESVS-CHRIST, & que l'on communie à son Esprit & à sa priere. Mais il me reste deux petits doutes que vous me permettrez de vous proposer: Premierement, suisie asseuré que me donnant à Nostre Seigneur IESVS-CHRIST, ie communie à sa vertu, & à la grace de sa priere? Secondement, comment est-ce que ie pourray sçauoir si ie suis vny à luy?

R. Pour respondre à vostre premiere question, souuenez-vous que l'Escriture Saincte dit, qu'il n'y a qu'à chercher DIEV en simplicité de cœur: Sçachez que nostre Seigneur

sentite de Domino in bonitate, & in simplici...

est en nous qui nous attend les bras ouuerts, il n'y a qu'à le chercher en toute simplicité, & à se donner à luy pour faire toutes nos œuures & nos prieres auec luy; car il demeure en nous pour estre l'hostie de loüange de DIEV, il nous considere comme ses Temples, pour le magnifier incessament par nous, en nous, & auec nous; & il nous dit à tous par la bouche de Dauid, *Magnifiez le Seigneur auec moy, & exaltons son Nom tous ensemble.* Nous n'auons donc qu'à luy dire tout simplement : Mon Seigneur IESVS-CHRIST, qui estes ma loüange, ie me complais, & me réjouys en toutes les loüanges que vous donnez à DIEV vostre Pere;

tate cordis quæriteillum. Sap.1.1.

Magnificate Dominum mecom, & exaltemus nomen eius in idipsū. Ps.33.4. Laus mea tu es. Ierem.17.4.

ie m'vnis & ie me donne à vous, pour l'adorer, & pour le prier par vous,& auec vous : Ie ne veux estre qu'vne hostie de loüange auec vous, pour glorifier DIEV à toute Eternité. Cela suffit, pourueu que nous ayons dans le cœur l'affection & le desir que nous luy témoignons par nos paroles:& il est certain, qu'alors nous communions à luy, & à ses prieres.

D. Mais cela est-il vray ? m'en asseurez-vous ?

R. Cela est vray : & si vray, que si vous faites ainsi dans la vraye & pure charité, ie vous asseure que vous en receuez vn fruict merueilleux. Or, ie vous diray encore que cette verité nous est assez marquée dans le Symbole des Apostres.

D. Ie ne me souuiens point de l'y auoir iamais leuë.

R. Elle y est neantmoins, mais vous ne l'entendez pas, & ne vous en apperceuez pas, quand vous le recitez ; elle est dans la troisiéme partie du Symbole, qui regarde la personne du saint Esprit, & ses operations dans l'Eglise : *Ie croy au saint Esprit, la sainte Eglise Catholique, la Communion des Saints*, c'est là le mot. [Credo in Spiritum sanctum, sanctam Ecclesiam Catholicam, Sanctorum communionem.]

D. Ie vous supplie de me le faire entendre ; car ie ne le conçois pas encore. Ie sçay bien que le saint Esprit a formé l'Eglise Catholique, & remply tous les cœurs des Fideles, & encore ceux des Saincts du Paradis. I'ay bien entendu dire, que le S. Esprit estoit le mesme, qui remplissoit les Saints du Ciel, & qui remplit les iustes du monde; & que quand nous auions la charité, nous auions la mesme vie que les Saints.

R. Le mot de *communion des saints* s'entend bien en partie comme vous le dites, mais il a encore vn autre sens; c'est à dire, qu'il y a pour les Fideles vne communion dans l'Eglise à toutes les choses saintes qui y sont contenuës; & que de mesme que l'on communie au sacré Corps de IESVS-CHRIST & à son Sang, ainsi l'on communie à son Esprit, quand on en a la deuotion, & non seulement à son Esprit, mais aussi à toutes les choses saintes que produit cét Esprit; de même que lors qu'on communie au tres-saint Sacrement de l'Autel, on ne communie pas seulement au precieux Corps & au precieux Sang de IESVS-CHRIST, mais encore à son Esprit & aux saintes operations que cét Esprit répand dans l'interieur de IESVS-CHRIST; ce qui est vn thresor inestimable, & que nous ne nous persuaderions iamais sans la Foy. Ainsi en est-il à l'égard de l'interieur admirable de la tres-saincte Vierge, de saint Ioseph, de S. Iean, ou de quelque-autre Saint; car considerant, par exemple, l'interieur tout Diuin de la tres-sainte Vierge, & les operations de sainteté, que l'Esprit de DIEV y répandoit; on se trouue souuent attiré à vouloir communier spirituellement au saint Esprit, & aux graces interieures qu'il operoit dans céte tres-sainte ame; ce qui est encore vn thresor incomprehensible, qui ne sera iamais penetré des creatures, DIEV en ayant reserué la connoissance à luy tout seul. Vous voyez donc par tout ce que ie viens de vous dire, que vous pouuez communier à la Priere de IESVS-CHRIST, & aux autres operations de son Esprit, quand il vous plaist, vous vnissant à luy auec vn simple acte de foy & de charité.

Leçon XII.

D. Il vous reste à satisfaire, s'il vous plaist, à l'autre question & difficulté que ie vous ay proposée tantost; comme quoy l'on pourra sçauoir & sentir qu'on est vny à Iesvs-Christ?

R. Cette difficulté sert d'occasion aux deuots, de faire bien des fautes; car ils veulent ordinairement sentir en eux les choses saintes, & les operations du saint Esprit, pour en estre asseurez. Or, c'est vne erreur commune dans la deuotion, & qui empéche le progrés des ames en la pieté. Sur-quoy il faut que ie vous donne vn fondement certain, que ie tiré des paroles de mon Maître, qui est le vray Docteur de la devotion, & le Pere de la vie Chrestienne, & de la Religion veritable. Il disoit qu'il auroit des adorateurs en esprit & verité, lesquels adoreroient son Pere, qui est Esprit, par les operations du pur esprit; c'est à dire, par la foy & par la charité: ce que Saint Paul dit aussi, mais en d'autres termes, en parlant de la maniere d'adorer des Chrestiens, qui n'vsent que de la foy & de la charité pour se porter à DIEV : *Fides quæ per charitatem operatur.* Il s'ensuit de là que, quand vous voudrez vous vnir à nostre Seigneur, vous n'aurez que faire de phantômes en vostre imagination, ny

Veri adoratores adorabũt Patrem in Spiritu & veritate. Ioa 4.23. Spiritus est DEVS, & eos qui adorant eum, in spiritu & veritate oportet adorare. ibid. 24.

Ad Gal. 5.6.

pour la vie interieure. 213

de lumieres sensibles en vôtre esprit, pour connoistre que IESVS-CHRIST est en vous: vous deuez vous contenter de la simple Foy & de la seule Charité, sans vouloir ressentir autre chose qui vous attire, ny aucune operation sensible en vostre cœur. La pure Charité auec la Foy, sont comme les deux animaux spirituels, qui tirent le beau chariot de l'Eglise, dont nous vous auons parlé auparauant. Et pour vous montrer encore qu'il ne faut point en vostre interieur de dispositions sensibles, pour vous lier à IESVS-CHRIST, & pour communier à sa vie, ne voyez-vous pas qu'on ne vous en demande point en la Communion au Corps & au

^{Currus} DEI, &c. Ps. 67. 18.

Sang de nostre Seigneur, pour participer à l'Esprit & à la vie qu'il vous y donne.

D. Il semble à vous entendre parler, que ce soit principalement pour receuoir en soy l'Esprit, la vie, & les vertus de nostre Seigneur, que l'on communie à son Corps & à son Sang?

R. Vous auez raison : le Corps & le Sang precieux de nostre Seigneur, sont comme le vehicule qui nous porte son Esprit, pour nous faire participer à sa vie & à ses operations Diuines, pour estre nostre nourriture, pour faire croistre en nous toutes ses vertus, *crescamus in illo per omnia* : enfin, pour mettre en nous la plenitude de sa vie interieure, &

Ad Eph. 4. 15.

nous faire mesme paruenir à la plenitude de DIEV: *Vt impleamini in omnem plenitudinem* DEI. *Ad Eph. 3 19.*

D. Mais les Chrestiens sentent-t-ils cela en eux, lors qu'ils reçoiuët IESVS-CHRIST? sentent-t-ils les operations de son Esprit ? entendent-t-ils toute la loüange que IESVS-CHRIST rend à DIEV dans leur cœur? esprouuent-ils sensiblement toutes les vertus qui s'écoulent de luy en leurs ames?

R. Non; car comme nostre Seigneur est deuenu tout Esprit aprés sa Resurrection, ses operations aussi sont pur Esprit, *Spiritus & vita sunt*; & ainsi elles ne sont pas sensibles. Et comme lors qu'on prend *Io. 6. 64.*

la nourriture corporelle, toutes les parties du corps ne sentent pas l'écoulement secret de la vertu de l'aliment qui se répand en elles : ainsi, IESVS-CHRIST Nostre Seigneur, qui est nostre aliment spirituel, n'a pas voulu se rendre sensible à nos ames : il suffit, comme ie vous ay dit plusieurs fois, de s'vnir par la foy toute nuë, & par la seule charité, à Nostre Seigneur, qui est Esprit en nous ; *Factus in spiritum viuificantem* ; pour participer à luy, & pour communier à son Esprit, & à ses operations Diuines.

Leçon XIII.

D. SOuffrez encore que ie vous demande vne chose pour mon esclaircissement. Où est-ce que vous trouuez que nous communions, non seulement au saint Esprit de IESVS-CHRIST, mais aussi à ses operations en luy?

R. Non seulement ie vous ay dit que nous pouuions communier à l'Esprit de IESVS-CHRIST, & à ses operations en luy; mais aussi ie vous auois dit auparauant, que nous pouuions communier au saint Esprit répandu dans la saincte Eglise & dans tous ses Saincts, par exémple, dans la saincte

K

Vierge; à raison que les choses saintes émanantes de IESVS-CHRIST sont mises en communion dans l'Eglise : *Credo in Spiritum Sanctum, Sanctorum communionem : Ie crois au S. Esprit, & la communion des choses saintes* qui sont dans l'Eglise. Car qui communie au plus, communie au moins; qui communie à la cause, communie aux effects : Puis donc que nous communions au S. Esprit, nous communions aussi aux operations de IESVS-CHRIST, & en luy, & en son Eglise, qui sont les effets de ce diuin Esprit, que nous ne receuons pourtant que *selon la mesure de la donation de* IESVS-CHRIST: *Secundùm mensuram donationis Christi.* C'est là l'abon-

Ad Eph. 7.

dance du festin de l'Agneau, & la diuersité des mets qu'il nous presente en luy & en ses membres : il nous y appelle tous, & il nous met à mesme : c'est à nous à choisir, selon l'instinct de l'esprit interieur qui nous y porte, & qui nous fait choisir telle viande spirituelle qu'il luy plaist ; le tout pour la consommation des Saints. Ad consummationem sanctorum. Ad Eph. 4.12.

Ie suis bien-aise de vous éclaircir encore cette matiere si importante & si cachée, par vne figure admirable de l'Escriture, qui est la Manne que DIEV donna dans le Desert à son peuple ; laquelle, quoy que la mesme auoit en soy le goust de toutes les viandes que les Enfans d'Israël desiroient de gouster : ce qui ex-

K ij

prime naïuement la Communion des Saints, & des choses saintes, laquelle nous auons en Iesvs-Christ, quand nous le desirons: car par exemple, quand nous voulons nous approcher des Sacremens, & communier à leurs differentes graces, nous le faisons, en nous vnissant au saint Esprit de Iesvs-Christ, qui les comprend toutes en soy. Nous auons mesme cette pratique ordinaire dans l'Eglise, de communier en l'honneur des Sainɛts, pour participer à leur esprit & à leurs graces : Et on peut en effet en receuoir participation, si l'on s'vnit à Iesvs-Christ dans le saint Sacrement, auec intention d'honorer ce qu'il répand de son Esprit en eux, & d'y prendre part.

Ie vous diray icy vn autre secret; c'est que par cette mesme Communion, nous pouuons auoir part aux graces des Iustes qui sont sur la terre: par exemple, quand vous voyez en quelqu'vn des vertus éminentes d'humilité, de chasteté, de patience, qui sont toutes vertus qui émanent de IESVS-CHRIST dans leurs cœurs, & qui paroissent aprés dans leurs œuures & en leurs paroles; au lieu de leur porter enuie & ialousie pour ces vertus, (ce qui arriue souuent par la suggestion du Diable, & de l'amour propre,) il faut vous vnir à l'Esprit Saint de IESVS-CHRIST dans le S.

Sacrement, honorant en luy la source de ces vertus, & luy demandant la grace d'y participer & d'y communier : & vous verrez combien cette pratique vous sera vtile & auantageuse.

Permettez que i'adjouste encore sur ce sujet, vne autre figure de l'Escriture. Isaye vit vne fois le Fils de DIEV remply de splendeur & de gloire, à la veuë duquel les Seraphins se couuroient la face de leurs aisles; il estoit enuironné d'vne robbe tres-magnifique & tres-splendide, *& ce qui estoit sous luy remplissoit le Temple*, dit l'Escriture, *& ea quæ sub ipso erant, replebant Templum.* Ce qui estoit au dessous de IESVS-CHRIST sont les operations

Divines du saint Esprit qu'il a enuoyé sur la terre, lesquelles remplissent l'Eglise. Le saint Esprit habitoit en IESVS-CHRIST en plenitude, & y habitoit corporellemēt, comme dit saint Paul, c'est à dire, qu'il estoit en IESVS-CHRIST, comme dans le Chef, & qu'il l'animoit des dispositions qu'il deuoit vn iour répandre dans le corps de l'Eglise : si bien que toutes les operations qui sont dans les Saints du ciel & dans les iustes de la terre, sont dependantes de IESVS CHRIST, qui a enuoyé son Esprit pour viuifier ses membres de sa vie diuine.

Ce que ie vous conseille donc est de vous vnir sans cesse au saint Esprit, pour faire

K iiij

vos actions en sainteté, & dans les sentimens mesmes de IESVS-CHRIST; vous contentant de vous vnir à luy par la foy & par l'amour, pour trouuer l'ayde à vos infirmitez, & la ferueur de la charité dás ce fleuue de feu dont parle l'Escriture, qui sortoit de la face de DIEV, qui est IESVS-CHRIST mesme. Le fleuue signifie deux choses, la voye, & la vie; car vn fleuue est vn chemin animé & viuant: estant rapide & viuant, il est la figure de l'impetuosité de l'amour, auec lequel nous deuons nous porter à DIEV, & de la vertu de l'Esprit qui sort de IESVS-CHRIST, pour entrer en nous, afin d'y estre nostre voye, nostre verité, & nostre

Dan. 7. 10.

pour la vie interieure. 225

vie. C'est ainsi qu'il operoit dans les premiers Chrestiens, dont il est dit par Prophetie: *Vbi erat impetus spiritus illuc gradiebantur:* Ils alloient où ils estoient poussez par l'esprit.

Ezech.1. 12.

D. De la sorte, il est bien doux d'estre Chrestien, puisque l'on a de si grandes aydes : qu'il est doux de se laisser aller à l'amour, & d'estre conduit si promptement à DIEV!

R. Vous voyez combien il est important de se fier à l'Esprit Saint de IESVS-CHRIST, quand on veut agir ou prier. Vous voyez que c'est vn fleuue, & qu'il en faut boire souuent, c'est à dire, qu'il se faut vnir souuent à luy, & tascher de le faire passer en vostre nourriture, pour deuenir tout

K v

feu & tout amour pour Dieu, & pour ne plus operer que par ce seul principe ; au lieu d'operer, comme l'on fait communément, par le principe de l'amour propre, & de la vieille creature, qui nous entraisne vers le peché.

Leçon XIV.

D. ME voila esclairé & satisfait sur toutes les difficultez que j'auois en l'esprit ; ie n'ay plus qu'à vous demander combien de fois pendant la priere il se faut vnir à Iesvs-Christ & à son saint Esprit.

R. Cela a besoin de distinction : si vous parlez de l'Oraison mentale, apres l'auoir fait au commencement, comme nous auons dit, il est bon de le renouueler à chaque partie, si on ne le peut faire à tous les actes, & aussi lors que l'ame se trouue en secheresse & en obscurité : si c'est dans l'Oraison vocale & publique, il le faut faire au moins autant de fois que l'Eglise l'ordonne.

D. Quoy ? l'Eglise l'ordonne-t'elle ? ie croyois que ce fut vne methode toute nouuelle & particuliere ?

R. Non, à DIEV ne plaise que i'auance iamais rien de nouueau dans les choses de la Religion : ç'a tousiours esté la pratique de l'Eglise Grecque & Latine, comme ie va vous le monstrer.

Si vous auez assisté quelquefois à Matines, vous aurez remarqué que les premieres paroles que le Prestre dit à haute voix, sont pour s'addresser à IESVS-CHRIST, en luy disant: *Domine, labia mea aperies:* & le Chœur luy répond, *Et os meum annuntiabit laudem tuam:* c'est à dire, Seigneur, venez ouurir mes léures, afin que ie puisse annoncer vostre loüange, ne le pouuât faire de moy-mesme. Et aussi-tost le Prestre, pour témoigner qu'il ne veut point loüer DIEV en son propre esprit & en ses propres intentions, mais en l'Esprit & dans les intentions de IESVS-CHRIST, l'hostie de loüange & la loüange de tous les hommes: le Prestre, dis-je, adjoûte, DEVS, *in adiutorium meum in-*

tende, s'addressant à DIEV, & luy disant : Mon DIEV, regardez IESVS-CHRIST, mon ayde & mon secours, ne me regardez pas moy-mesme, regardez vostre Fils en nous, qui veut estre nostre secours & nostre loüange. Et alors, l'Eglise remplie du sentiment de son incapacité & de son indignité, redouble ses prieres enuers IESVS-CHRIST, en ces termes : *Domine, ad adiuuandum me festina* : Seigneur, hastez-vous de me secourir : elle inuoque l'Esprit de nostre Seigneur pour la venir ayder, selon ces paroles de l'Apocalypse de S. Iean, *spiritus & sponsa dicunt : veni. Et qui audit, dicat : veni, &c. Veni Domine IESV.* Ap. 22. 17.

On ajoûte apres tous ensemble, & en s'inclinant profondément : *Gloria Patri, & Filio, & Spiritui sancto, &c.* Cette inclinatiõ profonde, que font les Preſtres en noſtre Egliſe, reuient aux trois inclinations que pratique l'Egliſe Grecque, lors que l'Officiant, au commencement de l'Office ſolennel, va faire trois inclinations profondes deuant l'Image de Iesvs-Christ, & trois autres deuant l'Image de la tres-ſainǎe Vierge : par quoy ils veulent ſignifier qu'ils s'auouënt incapables & indignes de glorifier la Majeſté de Dievreſidante en trois Perſonnes, qu'ils adorent nôtre Seigneur, comme eſtant la loüange de Diev, & qu'ils remettent à luy de le glorifier,

pour la vie interieure. 231

s'vnissans à son Esprit pour ce dessein.

L'Eglise Latine, dans le mesme esprit de cette ceremonie, dit, *Gloria Patri, &c.* en s'inclinant profondément, pour tesmoigner que comme la gloire de DIEV consiste à le connoître & à le louër parfaitement, elle ne peut faire d'elle-mesme ny l'vn ny l'autre, protestant deuant IESVS-CHRIST, que luy seul le connoist clairemēt, & le louë dignement par sa seule Personne; puis qu'estant le caractere & la splendeur de sa gloire, il dit par son estre tout ce que son Pere est en lui-mesme.

<small>Gloria est clara notitia cum laude. S. Tho. 1.1. q. 2. 3. 6.</small>

D. Est-ce pour la mesme raison que l'on dit *Pater* & *Aue*, auant que de commencer l'Office?

R. Ouy, c'est pour s'vnir à l'interieur de nostre Seigneur IESVS-CHRIST, comme Mediateur de la loüange de l'Eglise, & à celuy de sa tres-sainte Mere. La raison de cecy est fondée sur ce principe, que la Religion consiste en deux points: l'vn à honorer le Pere, l'autre à glorifier le Fils, qui a esté appelé à la Diuinité par sa Resurrection, selon saint Ambroise, *Nunc per omnia* DEVS; apres saint Paul, *Prædestinatus Filius* DEI *ex resurrectione mortuorum* : & apres saint Iean en son Apocalypse, *Dignus est Agnus accipere Diuinitatem*: l'Agneau est digne de receuoir la Diuinité, c'est à dire, les honneurs deûs à DIEV. Et ces deux

Ambr. de S de Resur.

Ad Rom. 1.4.

Apoc. 5. 12.

points de noſtre culte, ſont exprimez dans la meſme Apocalypſe, qui nous reuele la Religion du Ciel, dont noſtre Egliſe eſt la veritable Image, par ces termes, *Primitiæ* DEO *& Agno. des premices & des victimes pour* DIEV *& pour l'Agneau,* c'eſt à dire pour IESVS-CHRIST : Et par ces autres, *Sedenti in throno & Agno benedictio, & honor & gloria*; *benediction, honneur & gloire à celuy qui eſt aſſis ſur le Throſne, & à l'Agneau.* De là vient, que comme nous auons deux objets de noſtre Religion, nous auons auſſi beſoin de deux Mediateurs; lors qu'on louë DIEV en ſes grandeurs & en ſes œuures, nous auons recours à IESVS-CHRIST, pour eſtre

Vmbram habens futuroru̅. Ad Heb. 10. 1. Apoc. 14. 4.

Id. 5. 1

le Mediateur de nostre loüange, & lors que nous voulons honorer Iesvs-Christ en sa personne & en ses Mysteres, dont tous les Pseaumes de Dauid sont remplis, dit noſtre Seigneur meſme, *Quæ scripta sunt in Psalmis de me*: nous auons besoin de la tres-sainte Vierge nostre Mediatrice enuers Iesvs-Christ, & nous nous addressons à elle, qui seule est digne de le loüer comme il faut. Voila donc la raison & le fondement pourquoy on dit *Pater* & *Aue*, auant que de commencer l'Office.

Luc.24. 44.

D. On dit encore le *Credo* en suite du *Pater* & de l'*Aue Maria*, pourquoy cela?

R. C'est afin de renouueler

en abregé dans l'esprit des Fideles, les œuures principales de Dieu le Pere, & de Dieu le Fils, & afin d'auoir deuant les yeux l'objet de nos loüanges, & de voir dans la verité ce qui est contenu plus au long, mais en obscurité & en énigme dans les Pseaumes de Dauid, de qui ie vous diray ce mot, pour vous imprimer vn grand respect pour ses Pseaumes qu'on chante, que ce grand Saint a esté le Prophete des Prophetes ; car les autres ne font que décrire & prophetizer les œuures de Dieu, ou de Iesus-Christ, & ses Mysteres : mais Dauid est le Panegyriste de Dieu & de Iesus-Christ : les autres en sont les Historiens emblematiques ; celuy-cy en est le Paranymphe & la loüange: & il semble que c'est la raison de la differenco que Iesvs-Christ luy-mesme y a mise, par ces paroles: *Ce qui est escrit de moy en la Loy de Moyse, & dans les Prophetes, & dans les Pseaumes.* Et en passant, ie vous diray qu'vn excellent moyen pour reciter saintement ces Pseaumes, est de se tenir vny à l'Esprit, aux intentions, & à l'interieur de ce grand & saint Prophete qui les a composez.

Quæ scripta sunt in lege Moysi & Prophetis, & Psalmis de me. Luc 24. 44.

Leçon XV.

D. SI ie comprends bien tout ce que vous m'auez dit iusqu'icy, & repassant en

pour la vie interieure. 237
mon esprit toutes vos instructions, comme ie fais tres-souuent, il me semble que nostre bon-heur aproche de celuy du Ciel?

R. Vous ne dites pas mal; c'est ainsi que nostre Seigneur en parle à ses Disciples, quand il leur dit; *le Royaume de* DIEV *est au dedans de vous* : car il est vray, que possedans IESVS-CHRIST en nous par l'Oraison, ou par la sainte Communion, nous possedons tout le Ciel. Et vous ne deuez pas vous en estonner, c'est le priuilege de la Foy, selon saint Paul, *Est fides sperandarum substantia rerum, argumentum non apparentium*: la Foy nous donne la substance des choses Eternelles, quoy qu'elle ne

Regnum DEI intra vos est.
*Luc.*17.21

Ad Heb. 11.1.

nous en donne pas la claire connoiſſance, & qu'elle ne nous les faſſe pas poſſeder de la meſme maniere dont nous les poſſedons dans la gloire.

Le Royaume du Ciel conſideré en ſa ſubſtance, & non en ſa maniere, conſiſte à contempler DIEV en trois Perſonnes, & l'Humanité ſainte de IESVS-CHRIST remplie des torrens de la Diuinité: il conſiſte auſſi à voir la ſainte Vierge remplie de IESVS-CHRIST: de meſme que IESVS-CHRIST eſt remply de ſon Pere, & à voir encore toute la Société des Sainɕts reueſtuë de IESVS, & poſſedée de luy: en vn mot, tout le corps magnifique de l'Egliſe, toute pleine de ſon Soleil

Mulier amicta Sole. Apoc. 12. 1.

IESVS CHRIST, qui l'anime d'amour, de loüange, d'adoration, & de tout son interieur glorifiant & magnifiant DIEV son Pere. Or, qui possede IESVS-CHRIST au saint Sacrement de l'Autel, possede le mesme qui est dans le Ciel : IESVS-CHRIST par tout porte ce qu'il est ; il est donc en nous le Sanctuaire de DIEV son Pere, & la plenitude de la Religion enuers luy, & des loüanges qu'il luy donne dans les Saints. En vn mot, l'Eglise de la Terre possede les mesmes biens que celle du Ciel : mais toutefois auec cette difference que nous n'y communions pas si parfaictement que dans le Ciel, car IESVS CHRIST ne se descharge pas en nous dans toute la plenitude de ses torrens Diuins, ne trouuant pas en nous de capacité pour le receuoir. Et de plus, nous n'auons pas icy la Communion de la loüange des Saincts qu'ils experimentent dans le Ciel, où les Bien-heureux sont tout vuides d'eux-mesmes, & en capacité de se contenir les vns les autres, comme par proportion les personnes Diuines se contiennent l'vne l'autre.

Admirez l'œconomie de DIEV dans le Mystere de l'Incarnation, où il obserue vn ordre merueilleux, & vne decence digne de luy. Le Verbe sur la terre estoit égal à son Pere, *Non rapinam arbitratus est esse*

Ad Phil. 2.6.

esse se æqualem DEO, il estoit digne d'vne mesme loüange, & si sa Diuinité estoit cachée, elle n'en estoit pas moins adorable, & c'est par elle que DIEV a voulu que toutes les creatures rendissent à son Fils tous les honneurs & toute la gloire que luy-mesme receuoit d'elles; & parce qu'elles estoient imparfaites & incapables de le loüer dignement, il a versé en l'ame de IESVS-CHRIST toutes les vertus & tous les dons du saint Esprit, pour suppléer à tout le défaut des creatures, & pour faire receuoir à ce diuin Verbe par cette sainte ame, en vnité du Pere & du saint Esprit, plus d'honneur & de gloire qu'il n'en receuoit

L

d'vn millions d'Anges dans le Ciel, pource que IESVS-CHRIST estoit plus que tous les Anges, *Cui enim dixit aliquando Angelorum, Filius meus es tu?* Il estoit plus capable qu'eux tous des operations de la Diuinité; il estoit le Temple Diuin, dans lequel la Diuinité estoit parfaitement honorée: si bien que par tout où se portoit l'Humanité sainte sur la terre, DIEV y trouuoit son Ciel & son Paradis, & dans son humiliation il y rencontroit sa gloire.

Il faut encore admirer vn autre effet de la Sagesse de DIEV en ce Mystere: c'est que l'Humanité de IESVS-CHRIST, (qui est cette Arche admirable où DIEV desi-

Millia millium ministrabant ei & decies millies centena millio assistebant ei. Dan. 7. 10. Ad Hebr. 1. 5.

re d'estre adoré, & où il habite en plenitude pour le bien de ses creatures, & pour les communications de ses graces,) meritant de receuoir de l'honneur & des loüanges, DIEV luy a voulu pouruoir d'vne Eglise, où ces honneurs luy fussent rendus en toute sainteté & perfection : il luy a voulu bastir vn Temple plus glorieux que celuy de Salomon ; *Magna erit gloria domus istius nouissimæ plusquàm primæ.* Et ce Temple est la sainte Vierge, qui a suiuy IESVS-CHRIST par tout, pour le loüer & le glorifier; & comme autrefois les Prestres accompagnoient l'Arche par tout, la sainte Vierge aussi a accompagné Nostre Seigneur dans tous ses saints Mysteres; de sorte qu'elle luy a seruy comme d'Eglise portatiue. C'est pourquoy nous voyons que toutes les qualitez de l'Eglise luy sont appliquées. Et de même que l'Eglise est destinée de Dieu pour honorer l'humanité sainte de Iesvs-Christ; la sainte Vierge aussi qui contient en éminence toutes les graces & vertus, & sur tout la Religion de l'Eglise, a esté destinée de Dieu, & a seruy pour glorifier parfaitement l'Humanité de son Fils, & pour l'accompagner, comme nous auons dit, dans tout le Mystere de l'Incarnation.

D. Iesvs-Christ & ses Apostres ont-ils parlé aux promiers Chrestiens, de la deuotion à la tres-sainte Vierge? R. Non si clairement; car N. Seigneur ne trauailloit qu'à faire connoistre son pere, & saint Paul ne trauailloit qu'à faire connoistre IESVS-CHRIST, qu'il vouloit donner pour fondement de la Religion Chrestienne, *Fundamentum aliud nemo potest ponere, præter id quod positum est quod est Christus* IESVS, sçachant bien que donnant à connoistre Nostre Seigneur, il donneroit assez de connoissance de son Eglise, qui est la sainte Vierge. Mais apres eux les Saints Peres en ont parlé hautement; voicy entr'autres d'excellentes paroles de saint Ambroise, vn des plus considerables Do-

1. Ad Cor. 3. 11.

&teurs qui ayent esté dans l'Eglise Latine, & le Pere spirituel de saint Augustin, cette grande lumiere de l'Eglise; *Que l'ame de Marie*, dit ce saint Docteur, *soit en chacun de nous pour magnifier le Seigneur, que l'Esprit de* MARIE *soit en chacun de nous pour se réiouyr en* DIEV. Ie ne vous cite que ce passage de saint Ambroise, mais en luy ie vous cite toute l'Eglise, qui a eu tousiours des respects trés-profonds pour ce Saint, comme pour celuy qui l'a merueilleusement éclairée par la lumiere de sa doctrine & de ses vertus; & duquel DIEV a fait tant de cas, qu'il a voulu faire renaistre de ses cendres dans nos siecles, ce Phœnix de grace pour tout le

Sit in singulis MARIAE *animavt magnificet Dominum, sit in singulis Spiritus* MARIAE *vt exultet in* DEO. *Ambr. l. 2 in Luc.*

Audi alium excel'étem DEI *dispensatorem, qué veneror vt Patré, &c. Beatum loquor Ambrosium, cuius pro Catholica fide*

Corps de son Clergé, ie veux dire le grand saint Charles Borromée, qui auoit vne singuliere deuotion, & vn respect particulier, pour ce saint & venerable Pere & Patron de son Eglise de Milan. De mesme qu'auparauant saint Augustin l'auoit honoré aussi comme son Pere & son Maître, luy donnât dans ses écrits ces deux glorieux titres, & parlant tousiours de luy auec des éloges extraordinaires.

L'Eglise Latine vous a parlé par la bouche de saint Ambroise : & si j'auois le loisir, ie vous ferois parler toute l'Eglise Grecque dans son saint Office; Mais il faut que nous finissions, en acheuant de répondre à la demáde que vous

gratiam constantiam, labores pericula, siue operibus siue sermonibus, & ipse sum expertus, & mecû non dubitat Orbis prædicare. Romanus. S. Aug: Cont. Iul. l. 1. c. 3. Vnde ille Doctor meus, tui etiam mali Doctoris ore laudatus Ambrosius, &c. ibid c. 9. Habes ecce Ambrosium Doctorê meum. l. 2. c. 7. Veni ad Am.

m'auez faite au commencement de la derniere leçon, & que ie vous dise en vn mot, qu'outre les endroits que ie vous ay marquez tantost dans la priere vocale de l'Eglise, pour vous vnir à Nostre Seigneur, & pour vous renoueller en son Esprit, afin de rendre vos Prieres plus agreables à DIEV; il faut encore qu'au moins toutes les fois que vous entendrez chanter le *Gloria Patri*, & que vous verrez les Prestres s'incliner vers le saint Sacrement, vous fassiez dans vostre cœur ce que ces Prêstres font exterieuremét dans le Chœur de l'Eglise. Il faut donc que vous humiliant alors profondément deuant Nostre Seigneur qui habite

brosium Episcopum in optimis notum Orbi ter-ræ, &c. L. 5. Confess. c. 13. Sed certè nulla mihi dabatur copia suscitandi, quæ cupiebam de tam sancto oraculo tuo, pectore illius. L. 6. Confess. c. 3.

en vous, & vous vnissant à luy, vous luy protestiez que vous vous reconnoissez indigne de loüer DIEV; & que luy seul, qui est la loüange viuante & veritable de la tres-sainte Trinité, est digne de la glorifier.

Fin de la seconde & derniere Partie.

TABLE DES MATIERES DE CE LIVRE.

PREMIERE PARTIE.

DE L'ESPRIT CHRESTIEN.

DE l'Esprit & de deux vies de Nostre Seigneur IESVS-CHRIST. LEÇON I. page 3.

De la perte de la grace apres le Baptême, & du trauail de la Penitence pour la recouurer. LEÇ. 2. p. 6.

De la dignité du Chrestien en qui IESVS-CHRIST habite, pour l'animer de ses mesmes mœurs & sentimens; en vn mot, de sa mesme vie. LEÇ. 3. p.1.

De l'esprit & des inclinations d'Adam, dont la condition des Chrétiens est bien éloignée. Leç. 4. p. 14

De l'obligation qu'ont les Chrétiens de mortifier en eux les inclinations d'Adam & de la chair, & de crucifier le vieil homme. Leç. 5. p. 17.

De la source de la grande malignité de la chair, à laquelle nous sommes obligez de renoncer. Leç. 6. p. 24.

De l'amour de la Croix, c'est à dire, du mespris, des souffrances, de la pauureté, lequel nous est donné par le saint Esprit dans le Baptême. Leç. 7. p. 29

De nostre premiere generation, où le Diable est le pere de nos inclinations mal-heureuses. Et de la regeneration du Baptême, où Dieu est nostre Pere, nous communiquant sa vie Diuine. Leç. 8. p. 34

De l'obligation que nous auons de porter & de conseruer l'amour de

L vj

la Croix, prife de l'Efprit du Baptême, qui nous a imprimé cét amour. Leç. 9. p. 38

D'vne autre obligation d'aimer la Croix; & en particulier le mépris, l'abiection, & l'oubly, qui font la premiere branche de la Croix, prife de ce que l'homme en fon fond & par luy mefme, n'eft que neant. Leç. 10. 42.

De l'orgueil & du defir de l'honneur, auquel il faut refifter. Leç. 11. p. 48.

Que l'honneur eft deu à Dieu feul, & comment on doit fe comporter lors qu'on eft méprifé. Leç. 12. p. 52.

Que le mal-heureux defir de l'honneur, eft vn defir commun & vniuerfel; & de la maniere de le combatre & d'y renoncer. Leç. 13. p. 58.

De l'obligation que nous auons d'aymer la douleur, la fouffrance, la perfecution, qui font la feconde branche de la Croix, prise de ce que par nous-mêmes nous sommes peché. Leç. 14. p. 64.

Explication du precedent sujet. Leç. 15. p. 70.

Suitte de la mesme verité, que nôtre chair n'est que peché. Leç. 16. p. 75.

Que nostre chair est toute opposée & rebelle à Dieu, & à son Diuin Esprit. Leç. 17 p. 80

Que la malignité de nostre chair merite toutes sortes d'humiliations de la part de Dieu, & de toute creature. Leç. 18. p. 86.

De l'obligation que nous auons en suitte de nostre peché, de porter toute sorte de pauureté, qui est la troisiéme branche de la Croix des Chrétiens. Leç. 19. p. 93.

De la grace qu'operent en l'ame les mysteres de Nostre Seigneur, ausquels il faut participer; & premierement du saint Mystere de l'Incarnation, & de la grace qu'il donne. Leç.20.p.161

Du Myſtere du Crucifiment, & de
ſa grace. Leç.21. p.107

Du Myſtere de la Mort, & de l'e-
ſtat de mort qu'il opere. Leç.22.
p. 110.

Du Myſtere de la Sepulture; & en
quoy ſa grace eſt differente de
celle de la Mort? Leç.23.p.112

Du Myſtere de la Reſurrection, &
de ſa grace en nous. Leç.24.p.116

Du Myſtere de l'Aſcenſion, de ſa
grace, & de ſon eſtat, qui eſt l'e-
ſtat des parfaits. Leç. 25. p. 119

SECONDE PARTIE.

*D'vn moyen principal pour acquerir
& conſeruer l'eſprit Chreſtien.*

Qv'vn moyen principal eſt la Priere, à quoy il faut porter l'humilité & la confiance. De quelques motifs de cette confiance. Leç.1. p. 128

DES MATIERES.

Autre motif de confiance, pris de l'intercession des saints, qui prient pour nous en IESVS-CHRIST, & par IESVS-CHRIST. Leç. 2. p. 138

Que le saint Sacrifice de l'Autel est le mesme, auecque le Sacrifice de la Croix, & que Nostre Seigneur porte en celuy-la les mesmes dispositions qu'il a euës en celuy-cy. Leç. 3. p. 144

u'on peut receuoir la sainte Communion, pour le bien & profit des autres. Leç. 4. p. 153

Que Nostre Seigneur IESVS-CHRIST est habitant en nous, & que nous pouuons en tout temps communier à luy spirituellement. Leç. 5. p. 160

De la maniere de faire la Communion Spirituelle, & de s'vnir & communier à l'Esprit de Nostre Seigneur, en toutes nos œuures. Leç. 6. p. 166

Application de la precedente doctrine, à l'Exercice de l'Oraison. Leç. 7. p. 175.

La Methode de l'Oraison. Leç. 8. p. 181.

Que nous pouuons prier Dieu, encore bien que nous ne le connoissions pas parfaictement, & que nous ne sçachions pas mesme tous nos propres besoins ; & que Nostre Seigneur n'est pas seulement Mediateur de Redemption, mais aussi de Religion. Leç. 9. p. 189

Suitte de l'explication de la verité precedente. Eclaircissemens de la difficulté des Heretiques sur la priere publique de l'Eglise, & faite en latin. Leç. 10. p. 197

Qu'on communie à la priere de Iesus-Christ, & encore à tous ses autres biens, en se donnant & s'vnissant à luy de cœur & auec simplicité en l'Oraison. Leç. 11. p. 203

Comment on pourra sçauoir que dans l'Oraison on est vny à Nôtre Seigneur Iesus-Christ

DES MATIERES. 157
Leç. 12. p. 211

Qu'on communie non seulement au saint Esprit de IESVS-CHRIST, mais aussi au saint Esprit, entant que répandu dans tous les Saints de l'Eglise. Leç. 13 p. 317.

Combien de fois, & quand est-ce qu'on doit s'vnir à l'Esprit de IESVS-CHRIST, Pendant la Priere mentale & vocale? Leç. 14. p. 226

Que le bon-heur des Chrestiens dans les exercices de l'Oraison & de la sainte Communion, approche de celuy des Saints du Paradis. De la deuotion à la tres-sainte Vierge, qu'on peut appeller le Temple & l'Eglise de Nôtre Seigneur IESVS-CHRIST. Leç. 15. p. 236

APPROBATION DE Monseigneur l'Euesque du Puy.

SI le desir de sçauoir est naturel à l'homme; celuy de sçauoir la science des Saints, est vn precieux ouurage de la grace, & vn deuoir de la Religion. Le Fils de DIEV qui nous en a donné les plus importantes leçons, & qui possedoit tous les thresors de la sagesse & de la science, au dire de l'Apostre; a neantmoins témoigné quelquefois, pour ainsi dire, de l'ignorance, ou caché sa doctrine, pour nous enseigner le besoin que nous auons d'aller à l'école, & de nous faire instruire; témoin ces paroles de saint Marc au Chap. 13. *Personne ne sçait quand viendra ce iour, ny les Anges dans le Ciel, ny le fils de l'homme;* sur lesquelles saint Ambroise a dit, que nostre Sauueur aymoit mieux nous instruire, que de faire paroî-

Nemo scit neque Angeli in cœlo, neque Filius.

Plus amat no-

tre, ny ses lumieres, ny sa puissance. C'est à dessein d'establir en nous la qualité de Disciples, & de nous imposer la glorieuse necessité d'être ses écoliers, qu'il laisse beaucoup d'obscuritez dans les saintes lettres, afin que Dieu enseigne tousiours, & que tousiours l'homme soit à l'école, disoit saint Irenée. La sainte Vierge instruite dans celle du saint Esprit, ne laisse pas d'aller aux écoutes des simples Bergers, *Conferens in corde suo*. Les plus grands hommes ont fait gloire d'estre des écoliers, dans les maximes du Christianisme. Et saint Denys, sur la fin du Liure des noms Diuins, sollicite Timothée qu'il appelle son Fils, à cause de sa jeunesse, d'estre neantmoins le Censeur de son ouurage, de l'enseigner, & de le reprendre des fautes qu'il peut auoir glissé dans ses écrits. Saint Augustin, quoy que bien auancé dans l'âge & dans l'Episcopat, se trouuoit disposé à vouloir apprendre de la bouche

suam vtilitatem instruere quam suam potentiam demonstrare. Lib. 5. de fide cap. 8

Lib. 2. aduersus hæreses cap. 2.

Luc. 2.

d'vn enfant; & disoit que pour se faire instruire, il auroit souffert non seulement la correction des paroles, mais mesme les chastimens. Que n'a pas fait saint Hierôme, dans le desir qu'il auoit de s'instruire: sa teste estoit desia blanchie sous le poids des années; il estoit d'âge & de merite pour enseigner, & non pas pour s'instruire; pour estre maître, & non pas écolier; & neantmoins, il fait vn voyage en Alexandrie pour écouter Dydimus; de là, il va en Hierusalem & en Bethleem, pour estre disciple d'vn Barrabamus qu'il écoutoit la nuit, à cause de la crainte que ce Iuif auoit de ses compatriotes: apprenez, disoit-il, auant que d'enseigner; vn soldat n'est pas digne de son mestier, s'il n'a fait son apprantissage; & pour estre maistre, il faut auparauant auoir passé pour écolier. *Puto multòs ad sapientiam peruenire potuisse*, disoit Seneque; *nisi putassent se peruenisse*. Et moy j'en puis dire de même, plusieurs sans doute feroient de grands progrez dans la doctrine du Christianisme, s'ils ne croyoient que les Catechismes & les instructions familieres, sont trop au dessous de leur portée, & trop basses pour des esprits qui croyent auoir des lumieres qui les éleuent au dessus du commun.

Mais certes, ie trouue en cét ouurage, qui doit estre admiré de tous ceux qui en feront la lecture; vn puissant correctif à tous ces mouuemens d'orgueil, qui sont si naturels aux hommes. Ie trouue vn Maistre qui enseigne vne doctrine si solide & si vtile pour l'instruction des ames; que les grands esprits, aussi bien que les moindres, en doiuent profiter: Il forme vn écolier qui merite d'auoir des disciples; puis qu'en parlant à son Maistre, il fait des écoliers; & qu'en voulant s'instruire il enseigne les autres. Ie rends donc ce témoignage puplic, au merite de ce precieux labeur; &

declare que sa doctrine est tres auantageuse, pour former dans l'ame du Lecteur, les plus saintes & les plus salutaires maximes de l'esprit du Christianisme, & pour reünir des ames à DIEV, que l'orgueil en auroit écarté. Quiconque aymera cette chere lecture, sans doute sera beny de DIEV, & honoré des caresses de celuy qui est riche & liberal de ses dons, en faueur de tous ceux qui l'inuoquent. Donné à Paris le 1. Avril 1655. HENRY E. du Puy, C. de Vellay.

APPROBATION DE *Monseigneur l'Euesque de Pamies.*

L'Eminence & la pureté de l'esprit Chrestien, sont si brieuément & si clairement exprimées dans cet ouurage, qu'on ne peut douter qu'il n'ait esté inspiré de DIEV à son autheur, & qu'il n'aye receu de ce pere des lumieres, les sublimes pensées & les paroles de

grace dont il se sert, pour faire connoistre & goûter à mesme temps les veritez Diuines, qui doiuent conduire & animer la vie des veritables enfans de Dieu. Il faut seulement que le Lecteur prenne garde de lire saintement des instructions si saintes, en y apportant vn cœur dégagé de l'affection de tout peché, (parce qu'il jette dans l'Ame des tenebres qui luy cachent les veritez de nostre sainte foy;) & vn esprit bien resolu de mener vne vie conforme à la sainteté de la vocation Chrestienne, dont l'idée & les maximes sont proposées en ce Liure, auec tant de lumiere & d'onction, qu'on se sentira également éclairé & animé à suiure Iesvs-Christ, par des voyes si belles, si courtes, & si asseurées, pourueu qu'on se donne à l'Esprit de verité pour en estre touché, & qu'on les medite deuant Dieu à loisir, & auec humilité. Donné à Paris le 1. Auril 1656.
François E. de Pamies.

Extrait du Priuilege du Roy.

PAr grace & Priuilege du Roy, Il est permis à IACQVES LANGLOIS, Imprimeur ordinaire du Roy, & Libraire Iuré, d'imprimer vn Liure intitulé *Catechisme Chrestien pour la vie interieure, par vn Prestre du Clergé*: Deffences sont faites à toutes personnes de quelque estat & condition qu'elles soient, d'imprimer ou faire imprimer ledit Liure, pendant le temps & espace de cinq ans, à peine de mil liures d'amende, à commencer du iour qu'il sera acheué d'imprimer; ainsi que plus au long est contenu esdites Lettres. DONEES à Paris le dixiesme iour d'Avril mil six cens cinquante-six. Signé, Par le Roy en son Conseil, OLIER.

Acheué d'imprimer, le 13. Auril 1656.

www.ingramcontent.com/pod-product-compliance
Lightning Source LLC
Chambersburg PA
CBHW050325170426
43200CB00009BA/1467